Autocoaching de Carreira & de Vida

O autodesenvolvimento como fonte de novas perspectivas

Leila Navarro

Presidente:
Mauricio Sita

Capa e Diagramação:
Fernando Ciccero

Gerente de Projetos:
Gleide Santos

Diretora de Operações:
Alessandra Ksenhuck

Diretora Executiva:
Julyana Rosa

Relacionamento com o cliente:
Claudia Pires

Impressão:
Imprensa da Fé

Dados Internacionais de Catalogação na Publicação (CIP)
(Câmara Brasileira do Livro, SP, BRASIL)

Autocoaching de carreira & de vida/ Leila Navarro – São Paulo: Editora Ser Mais, 2013.

Bibliografia
ISBN 978-85-63178-48-0

1. Desenvolvimento pessoal e profissional. 2. Carreira profissional - Desenvolvimento. 3. Treinamento e desenvolvimento. 4. Sucesso profissional - Administração I Título.

CDD 658.4

Índices para catálogo sistemático:
1. Desenvolvimento pessoal e profissional. 2. Carreira profissional - De senvolvimento. 3. Treinamento e desenvolvimento. 4. Sucesso profissional - Administração I.

Editora Ser Mais Ltda
rua Antônio Augusto Covello, 472 – Vila Mariana – São Paulo, SP – CEP 01550-060
Fone/fax: (0**11) 2659-0968
Site: www.editorasermais.com.br e-mail: contato@revistasermais.com.br

"Quando irradiamos o que somos, quando apenas fazemos o que desejamos fazer, afastamos automaticamente quem nada tem a aprender conosco e atraímos imediatamente aqueles que, sim, têm algo a aprender e também algo a ensinar-nos".

Richard Bach, Ilusões.

"Ascensão é uma palavra mágica para a carreira e para a vida!"

José Luiz Tejon Megido*

Leila Navarro sempre me seduz, me impulsiona e me conduz. Sua arte provocadora é extraordinariamente criadora. No seu belo livro Autocoaching de Carreira & de Vida O autodesenvolvimento como fonte de novas perspectivas, onde ela trata sobre ascensão nas carreiras, novamente suas perguntas me fazem pensar, repensar e retrabalhar finalidades e sentidos de vida, mesmo para mim, com uma jornada longa já trabalhada.

"Somos a coisa em si, ou seja, o que somos independentemente de uma vontade", assim Arthur Schopenhauer, expressivo filósofo nos questiona na busca da verdade, no íntimo de cada um de nós, o que ele chama da coisa em si. O sol, por exemplo, não tem escolha. Apesar de poderoso e glorioso, o centro do nosso sistema solar e de vida, esse imenso sol que reúne 98% de toda a massa existente dentre os planetas de sua órbita, não tem condições, nem possibilidades de dizer por conta própria: "nesta manhã eu não vou aparecer". Querendo ou não ele aparecerá todas as manhãs e realizará o seu trabalho para gerar calor e fotossíntese todos os dias neste eterno Universo vivente. Mas, eu, você, leitores, leitoras e mesmo a querida Leila Navarro, podemos decidir se iremos aparecer numa manhã ou não. E há entre nós aqueles que simplesmente decidem não raiar em um novo dia e continuam nas trevas da noite, sem querer ver a luz. Isso significa que cada um de nós é possuído de um gigantesco e enorme poder. O poder da vontade e do querer.

Dessa forma, Leila Navarro nos envolve e, a partir deste livro, nos indaga com preciosidades, por exemplo, sobre nossa sustentabilidade. Você é sustentável? Para mim, sustentabilidade representa não roubar o futuro para prevalecer no presente. Significa ser viável hoje e criar as condições para o amanhã e, numa carreira isso vai exigir estudo, foco no melhor, cuidado com a lei dos mínimos, ou seja, os pontos frágeis que impedem sua ascensão. A sustentabilidade envolve criar, mas não destruir para criar. Falo sempre para os meus alunos e filhos: "Você sabe quando é uma grande pessoa à medida que pode voltar e entrar novamente por todas as portas por onde passou". Sustentabilidade é estudar muito, trabalhar em 360 graus, crescer para os lados.

Na carreira, nossa visão de vida vive umbilicalmente ligada. Como vemos o mundo? Somos o resultado dos relacionamentos que cultivamos ao longo da vida. Numa empresa, preste atenção nos melhores, imite os mais competentes, não oriente suas escolhas por inveja ou sentimentos de menor envergadura. Seja sempre virtuosa, sempre altaneiro, uma grande mulher e um grande homem.

Para os jovens estimulo especialmente a leitura de Autocoaching de Carreira & de Vida - O autodesenvolvimento como fonte de novas perspectivas. Na vida estamos em ascensão ou decaindo. Não há estagnação, nem meio termo. E isso tem a ver com a nossa própria vida. Vale aprender muito com erros, tirar lições de tudo e não torcer o nariz para tudo o que lhe é ofertado hoje, aqui e agora. Aprenda e crie.

Leila Navarro nos oferece a ideia do autocoaching. Isso é ótimo. Na vida somos nós os únicos responsáveis por nossas decisões e escolhas. Quando você para de colocar a culpa no mundo, dá início a uma indubitável ascensão. Busque seus guias, seus inspiradores e não tenha medo de quem o provoca e instiga – esse alguém pode ser o melhor para você.

Boa leitura e viva Leila Navarro por mais essa chacoalhada poderosa nas nossas vidas e carreiras!

Ela aquece nossas almas com sua vibração alegre e repleta de inspiração. Na vida ou você ascende ou apaga. Leila Navarro nos "acende" para ascendermos.

José Luiz Tejon Megido
Professor Doutor em Ciências da Educação.
Mestre em Educação, Arte e Cultura pela Universidade Mackenzie.
Coordenador acadêmico da FGV In Company de São Paulo.
Professor Coordenador acadêmico da ESPM – São Paulo.
Ex-Diretor do Grupo do jornal O Estado de S. Paulo
e da Agroceres S/A.
Autor e coautor de 30 livros.

INTRODUÇÃO

Saber perguntar é uma arte! As perguntas funcionam como enzimas. Elas caminham entre ideias e pensamentos, selecionam, iluminam, organizam, despertam, angustiam, movimentam, eliminam, resolvem – são verdadeiras facilitadoras do processo de decisão.

Fazer perguntas para si mesmo é um caminho seguro para aumentar a autoestima, equilibrar o estresse, aprofundar o autoconhecimento e levar uma pessoa a outros níveis de experiências. Difícil falar sobre ascensão de carreira sem dar ênfase à importância de bons questionamentos.

O hábito de elaborar perguntas é muito mais eficiente que a resposta em si. Nesse processo, o mais importante é o poder de reflexão que é estimulado, a percepção de informações sutis que muitas vezes deixam de ser usadas simplesmente porque não foram percebidas. Para desbravar espaço no mundo corporativo é necessário, primeiro, investir tempo de qualidade com o gestor interno – o seu próprio eu.

Pouco adianta gerir informações, buscar conhecimento, testar novas tecnologias, empanturrar o cérebro com informações se falta tempo para refletir sobre elas. Cada decisão, desde as mais corriqueiras até as decisivas para o rumo de projetos, carreira e relacionamentos, depende da qualidade dos pensamentos. Um profissional com foco no desenvolvimento de sua carreira deve pensar e criar o hábito de digerir as informações que chegam à sua mente diariamente. Isso é investir com excelência em algo que só gera benefícios e condições favoráveis para a tomada de decisões. Em um mundo de mudanças constantes, em que o volume de informações chega a triplicar em poucos dias, torna evidente que fatos e teorias podem perder rapidamente o valor. Isso aumenta a importância de valorizar questionamentos e reflexões, deter-se ante a uma pergunta e refletir sobre ela. Hoje, profissionais que se sentem estagnados na carreira ou não conseguem os resultados que desejam, procuram o auxílio de um coach. Mas, qual é o foco do trabalho desse profissional? Perguntas! Sendo assim, você pode considerar este livro um guia para o processo de autocoaching, que o levará a refletir sobre os rumos que tem seguido até agora, o que está e o que não está alinhado com os seus propósitos, o que pode ser aperfeiçoado, o que pode ser mudado e, até, o que deve ser eliminado da sua vida.

Costumo fazer muitas perguntas em meus livros e, está aí uma nova forma que encontrei para desenvolver meu trabalho – já dizem que sou uma "escritora coach"! Se ainda não existe essa qualificação no mundo moderno, há espaço para que eu a crie e coloque em prática. Novas formas de se posicionar profissionalmente podem surgir a partir do hábito de questionar, pensar e refletir! Está nessa onda quem está disposto a fazer as perguntas certas!

A compreensão do conteúdo que traz esse livro começa aqui! De uma forma nada convencional, você é quem dá as respostas. Assim como o panorama do mundo corporativo atual, fórmulas e receitas prontas não fazem parte da bagagem de um profissional que deseja manter a sua carreira em ascensão.

Mais do que obter respostas, a proposta é que você "pare e pense"! Respire fundo e comece a se preparar para uma nova experiência. Deixe de lado as preocupações com o que foi, o que é e o que virá. O futuro começa agora e é você quem faz! Essa frase é tão verdadeira que fiz dela um norte para a minha vida.

O futuro só pode ser criado quando é estruturado, preparado, estudado, analisado, refletido e escolhido. Dá para fazer isso sem pensar? Perguntas despertam a consciência. Elas devem fazer parte do seu dia a dia, toda hora, todo momento, desde o abrir dos olhos no início da manhã até o último pestanejar no final do dia, sem mistérios, sem rodeios, sem constrangimentos!

Este livro está recheado de questionamentos. Você não encontrará respostas prontas, setas para o caminho infalível, indicações de fórmulas. Estão reunidos aqui os ingredientes, a receita quem desenvolve é você. Vamos fazer uma prévia? Leia atentamente as perguntas abaixo, faça uma reflexão e responda:

- Você se sente respeitado no papel que exerce hoje em seu trabalho?
- Você se sente valorizado em sua carreira?
- Você se mantém atento para novos aprendizados?
- Sua carreira hoje tem a ver com o seu sentido de vida?

Sem o hábito de pensar, a tendência é analisar a concordância da frase, buscar superficialmente o que ela diz respeito a você, e até pular para o próximo parágrafo com a remota intenção de voltar a esse ponto para "ver melhor" o que cada uma das perguntas propõe. Tremendo engano.

A proposta é que você reflita sobre cada questão antes de virar as próximas páginas. Se deixarmos, a correria da vida nos coloca no piloto automático e começamos a fazer coisas sem nem saber o porquê.

Daí a importância dos questionamentos constantemente – questionar para onde vamos, o que queremos, o que estamos fazendo nos faz entrar em uma nova dimensão.

Perguntas são excelentes instrumentos para mobilizar pessoas e fazer com que reflitam sobre o rumo que têm seguido. As que você acabou de ler têm poderes extraordinários! Faça delas companheiras inseparáveis.

Pronto para começar? Então eu o encorajo a voltar às perguntas iniciais e refletir sobre cada uma delas. Deixe de lado a resistência! Afinal, é possível falar de meta, direção, foco, objetivo e ascensão de carreira sem ter claro qual é o seu ponto de partida?

Índice

Como está ajustada a sua bússola?

Onde você está e aonde quer chegar? Vamos colocar a mente para funcionar tendo como foco a sua carreira. Imagino que todo profissional que deseja ter a sua carreira em ascensão sabe, pelo menos, aonde gostaria de chegar. E, para que esse desejo se torne realidade é preciso ter pés firmes na realidade.

Vai longe o tempo em que um profissional ingressava em uma empresa e encontrava um plano de carreira pronto para seguir. Nas mais organizadas, o plano podia ser tão detalhado que estabelecia o tempo mínimo para ocupar cada cargo, os cursos que deviam ser feitos, as habilidades que precisavam ser desenvolvidas - tudo preto no branco, explicadinho, como uma receita de bolo. Um profissional competente, aplicado e ambicioso podia alcançar um alto posto na hierarquia em vinte ou trinta anos. Era como se ele tivesse apenas que galgar os degraus de uma escadaria que o levaria ao topo da organização.

Hoje, o caminho da ascensão empresarial está mais parecido com aquelas escadas do filme do Harry Potter, que mudam de lugar a todo instante – receitas já não se ajustam na atual realidade corporativa. Também, não é para menos! Para responder rapidamente às transformações do mundo dos negócios, as organizações têm de mudar organogramas, repensar estruturas e cargos com muito mais frequência e rapidez.

Se já é complicado para um profissional traçar um plano duradouro para o seu próprio crescimento, como uma empresa pode desenvolver um plano de carreira para todos os funcionários?

Empresa que tem juízo não se compromete com o crescimento de ninguém. Ela já não se vê mais como a fada madrinha da carreira de seus colaboradores. Pode, sim, orientá-los, mas espera que eles mesmos planejem e administrem sua trajetória.

E isso está corretíssimo! A carreira é assunto seu e acredito que você já tenha percebido isso. Apesar do expressivo número de pessoas que ainda mantém essa postura, é difícil imaginar como, no mundo de hoje, alguém ainda espera ser promovido, porque ocupa determinado cargo há sei lá quantos anos, porque acumulou mais tempo de casa ou tem mais experiência que os demais. A realidade tem mostrado que promoções não caem do céu! É você quem deve ir atrás delas.

As empresas, por sua vez, valorizam quem demonstra iniciativa para assumir novas responsabilidades, se desenvolve profissionalmente e tem boa adaptação às mudanças. Mas imagino que tudo isso você já saiba. Tanto é que trata de se manter sempre bem informado, tem se atualizado com cursos e treinamentos, participa dos grupos e projetos da empresa e vem se adaptando às mudanças. Você está envolvido e comprometido com a sua carreira, certo? Agora, pense e responda honestamente:

- Como ficaria seu plano de carreira se a empresa em que trabalha fechasse as portas amanhã?
- E se a empresa fosse comprada por uma daquelas transnacionais poderosas, que já chegam mudando tudo?
- Você poderia manter a mesma estratégia ou teria de começar tudo de novo em outro lugar?

Se a proposta mais próxima da sua realidade é recomeçar em outro lugar, lamento dizer, mas você não tem um plano de carreira. Pelo menos não da maneira como ela deve ser entendida hoje - uma trajetória de desenvolvimento pessoal, que independe de onde você estiver.

Geralmente as pessoas vinculam a carreira à estrutura

de cargos da empresa em que trabalham. Seu raciocínio é mais ou menos assim: hoje sou vendedor, depois serei supervisor de equipe de vendas, depois gerente regional, gerente geral e diretor comercial. À medida que tiverem progressos na hierarquia, sentem que estão progredindo na carreira. O problema é que, se algo nessa estrutura mudar, elas ficam desorientadas. E, se perderem o emprego então, têm a sensação de que a carreira foi interrompida.

Já em uma carreira pautada pela trajetória individual, o raciocínio seria o seguinte: hoje administro uma carteira de clientes, amanhã administrarei as vendas de uma equipe, depois as vendas de um território e, por fim, as vendas de toda uma empresa. Percebe a diferença? Em um plano de carreira como esse, os objetivos não se relacionam com a conquista de cargos e sim com o desenvolvimento de competências e aquisição de responsabilidades. Um profissional que segue esta estratégia adapta-se facilmente tanto à mudanças de estrutura como de empresa. Pode até decidir fazer carreira fora das empresas, como autônomo ou empreendedor do próprio negócio.

É essa a visão de carreira que defendo e sigo como profissional. O fato de ser empresária em nada me diferencia do empregado de uma empresa que definiu um caminho de desenvolvimento, busca as competências que precisa e sabe aonde quer chegar – todo profissional em ascensão tem a sua bússola. Quem tem valores tem norte!

- E você, já parou para pensar como está conduzindo a sua carreira?
- Está satisfeito com o que já conquistou?
- Neste momento a sua trajetória é ascendente, segue em linha reta ou está prestes a degringolar?

Se você não parou para pensar nessas questões, eu o convido a encontrar o seu 'norte' o quanto antes.

Como você tem gerenciado o seu tempo?

Um dos sinônimos de ascensão de carreira é trajetória. E o que você reconhece como trajetória? No dicionário Aurélio, o termo é definido como uma linha descrita por um corpo em movimento. Então, é pertinente dizer que em uma carreira profissional deve existir um plano com um começo, um objetivo a alcançar e um caminho para ligar os dois pontos - um ponto de partida e outro de chegada são primordiais. Bons e sustentáveis resultados em uma carreira dependem, também, de um bom gerenciamento de tempo. Não tem como falar em ascensão profissional sem antes evidenciar a importância de organizar o próprio tempo.

Entre as queixas mais corriqueiras no mundo corporativo, a falta de tempo se mantém em destaque. Não é por acaso que o número de ofertas para cursos, seminários e treinamentos sobre administração de tempo têm sido cada vez maiores. A demanda é resultado de queixas como "se eu tivesse mais tempo", "eu preciso de mais seis horas no dia", "o tempo é meu grande rival".

A questão é que, ao engatilhar um turbilhão de coisas, a maioria das pessoas não consegue alcançar aquilo que quer de verdade. E o "x" da questão está justamente porque não sabe de verdade o que quer alcançar e, por isso, não tem noção de tempo e espaço para que as coisas aconteçam. A falta de clareza de objetivos gera uma série de opções e decisões erradas. Para extrair o máximo da carreira é necessário elaborar um bom planejamento.

Um sábio filósofo afirmou que uma viagem de mil milhas começa com apenas um passo. Parafraseando, uma carreira bem-sucedida começa com um bom planejamento – de objetivos, metas e, também, de tempo. Partindo desse conceito é necessário entender que há uma distinção crucial entre administração do tempo e a autoadministração

– elas não são sinônimos.

A administração do tempo é orientada pelo relógio. A atenção é concentrada no tempo em si. A maioria dos sistemas de administração do tempo reforça a atenção para "diários de bordo sobre o tempo" e "análises do diário de tempo". Assim, a tendência é passar os dias, semanas e meses inteiros recorrendo a relógios e calendários, o que cria pressão desnecessária e estresse. E, ao contrário da ideia convencional, interfere na eficácia e na produtividade.

A autoadministração tem um sentido muito mais amplo. Tem início com a decisão sobre o que se quer da carreira, mas, também, de todas as outras áreas da vida. Para delinear um plano de carreira alicerçado nessas diretrizes é importante ter claros dois grupos de perguntas cruciais que ajudam a identificar a rotina e as tarefas realizadas diariamente:

- O que você tem de fazer todos os dias?
- O que você tem de fazer periodicamente?
- O que você tem de fazer raras vezes?

O segundo grupo ajuda a estabelecer prioridades e a "planejar eventualidades":

- Entre todas as coisas que tem de fazer, quais delas contribuem para que possa atingir suas metas?
- Quais são as coisas mais imediatas a serem feitas e por que deve fazê-las primeiro?
- Quais são as dificuldades para atingir as metas estabelecidas e por que isso acontece?
- O que pode ser feito para impedir que os problemas se tornem crises?

A partir da autoadministração, é a pessoa e não o tempo quem administra o que faz. O bom gerenciamento do tempo está intimamente relacionado à competência de seguir um planejamento. Quer esteja falando do trabalho ou da carreira, um bom plano é primordial.

No planejamento da carreira, no planejamento global do trabalho e, da mesma maneira, no planejamento diário, o lugar para onde está se dirigindo é a meta. Quando se atinge uma meta específica, cessam todas as atividades relacionadas com a conquista dessa meta e outras podem ser estabelecidas.

A única maneira de manter o dia e a agenda livres de confusões irrelevantes ou desnecessárias é manter a vida livre de desordens. Se uma pessoa empreende muito mais coisas do que pode de fato realizar, criará uma sensação de pânico que a impedirá de fazer qualquer coisa.

A autoadministração significa saber quais são as suas metas, em quanto tempo elas devem ser concretizadas e, também, de que forma elas se ajustam ao plano maior. Isso só é possível quando se sabe o que está fazendo em todos os momentos - e o motivo pelo qual está fazendo.

Uma vida bem organizada depende da integração das metas relacionadas com o trabalho e com a vida. O que é feito em prol da ascensão de uma carreira só se torna importante se estiver ajustada às outras áreas: financeira, relações familiares, relações sociais, carreira, bens materiais, relações na comunidade e valores pessoais. O planejamento consiste em organizar essas dimensões, levando em conta princípios e valores pessoais.

Você tem tempo para pensar em seus sonhos e desejos? Você tem tempo para si?

É impressionante o poder que essas simples perguntas têm para constranger as pessoas e fazê-las refletir sobre sua própria vida. Normalmente, quando se está sem tempo, a primeira coisa que se deixa de fazer são as atividades pessoais. Por esse posicionamento ser tão corriqueiro, o fator comprometimento é algo imprescindível. Quanto mais uma pessoa deixa de lado as suas verdadeiras prioridades, menos energia, concentração e disposição geram para atender todas as suas demandas.

Ao elaborar um plano de autoadministração de tempo, o importante é que cada registro tenha real relevância e sentido. Não basta desejar ter uma carreira em ascensão. É necessário ter tempo para planejá-la e gerenciá-la e, para isso, saber o nível da própria motivação é um fator importante.

Como está sua motivação?

A motivação é o combustível da carreira. Sem ela, você não tem estímulo para se desenvolver, superar desafios e chegar onde sonhou.

Porém, nem sempre é fácil reconhecer que se está desmotivado quando a preocupação é trabalhar a todo vapor, mostrar-se interessado e proativo. Externamente, você pode estar assim, mas chateia-se lá no seu íntimo, porque a carreira não está evoluindo como gostaria. Se pudesse, jamais deixaria que essa sensação atrapalhasse seu desempenho, mas ela atrapalha. Por isso é importante que você faça para si mesmo a seguinte pergunta:

Até que ponto eu estou realmente motivado?

A falta de motivação tem vários estágios. Ela se instala sutilmente, quando você começa a se incomodar com certas injustiças como: não receber um *feedback* do chefe por seus esforços, ser deixado de fora de um projeto importante ou ver alguém levar a fama por um trabalho que você empenhou todos os seus esforços. Essas situações começam a se repetir e você vai ficando cada vez mais ressentido, mas ainda tem esperança de que algo mude. Mas, chega um momento em que as esperanças acabam e você passa a considerar natural fazer o mínimo necessário, a trabalhar apenas pelo salário no final do mês e a torcer para que uma mudança de emprego traga novo ânimo para sua vida – e aí seu pique despenca!

Será que alguma dessas situações está ocorrendo com você? Se a resposta é sim, pense duas vezes antes de culpar a empresa ou o chefe e procure as causas da desmotivação dentro de si mesmo. Nessas circunstâncias geralmente não percebemos que a principal causa desse estado é decorrente da forma como enxergamos e entendemos nosso próprio posicionamento e duas coisas podem estar acontecendo:

1. A sua estratégia de carreira não está adequada para levá-lo ao objetivo que estabeleceu e, nesse caso, será preciso revê-la.
2. O problema é o objetivo que você estabeleceu.

Quando fui convidada para dar palestras no Japão, encontrei muita gente desmotivada e nem de longe demonstrava um dia ter tido a coragem de deixar familiares, amigos, cultura, às vezes, até mesmo uma carreira, para realizar seus sonhos. Fui "convocada" para dar uma injeção de ânimo na comunidade brasileira. Observei que muitas pessoas foram parar em terras nipônicas impulsionadas pela coragem e garra para ganhar dinheiro e, depois, voltar ao seu País para comprar uma casa, montar um negócio e, acima de tudo, realizar sonhos! Foi triste constatar que as exaustivas horas de trabalho têm levado para o baú do esquecimento audaciosos projetos. Muita gente tem se esquecido de alimentar seu sonho, seu foco e acaba se submetendo apenas à sobrevivência.

Quando o assunto é plano de carreira profissional encontramos muitos homens e mulheres com o mesmo "incêndio" para fazer e acontecer, mas, por falta de foco, de um planejamento estratégico para a vida, acabam esfriando e perdendo o rumo. Afinal, você tem claro o seu objetivo?

Qual é o seu objetivo?

Se a carreira é uma trajetória, há um objetivo envolvido. Você faz carreira para chegar a algum lugar e a vontade de chegar lá é que o motiva. Mas qual é mesmo o seu objetivo?

Vejo que muitos profissionais se envolvem tanto com os problemas, os assuntos urgentes e as pendências do dia a dia que até esquecem a razão de estar onde estão. Perdem a visão do todo e se prendem a pequenas coisas que sugam sua energia e dão a sensação de que estão patinando sem sair do lugar. Pode ser que isso esteja acontecendo com você, e responder a essa pergunta o fará colocar em primeiro plano o objetivo e não as dificuldades que enfrenta. Mantenha o foco no objetivo e você sempre terá energia para superar os problemas.

Pode ser que seu objetivo já não seja mais capaz de empolgá-lo como antes. O mundo muda e as pessoas também! Algo que o motivava no passado pode não motivá-lo mais, só que você ainda não percebeu isso. Não parou para avaliar seu objetivo e notar que ele já perdeu o encanto, caducou. Ter determinado salário, por exemplo, é um objetivo que pode levar à frustração, pois quando é alcançado deixa de nos proporcionar motivação e se transforma em uma prisão - continuamos fazendo as mesmas coisas, mesmo sem paixão, só para manter aquele salário que um dia parecia ser distante da sua realidade. Alcançar determinado cargo pode ser um objetivo problemático, pois nos torna reféns de algo que podemos perder a qualquer momento e na velocidade que as mudanças acontecem o que parecia ser estável amanhã pode não ser.

E então, qual é o seu objetivo? Talvez seja preciso repensá-lo, colocá-lo em uma perspectiva de realização pessoal, de propósito de vida. Costumo dizer que o propósito está intimamente ligado aos nossos dons naturais, portanto, à medida que você exerce seus talentos, está realizando seu propósito.

Vem dele a motivação constante e duradoura, que o faz ter desejo de trabalhar todos os dias, superar dificuldades, aprender com os erros, mudar o que não dá certo, assumir responsabilidades, crescer com os fracassos. Isso dá uma bela carreira!

Um objetivo bem definido tem propósitos e metas bem definidos. Quando encaramos a motivação como um fator de ação, uma atitude proativa, naturalmente o entusiasmo é despertado e as coisas acontecem. Então, você precisa ter claro que um propósito está ligado à descoberta dos seus talentos. Propósito é ação, é o caminhar em direção a uma meta. Quando você o encontra, adquire força de quem sabe traçar o próprio caminho na vida.

Um profissional que visa ao alinhamento da sua carreira às exigências do mercado, deve prestar atenção à soma de aspectos especiais, quase uma fórmula, que batizei de TPM Corporativa. Ao contrário da TPM feminina, essa não é cíclica, não atiça a agressividade, nem coloca ninguém para baixo. A Corporativa é contínua, equilibrada, constante, revigorante e supervitaminada, porque vem sempre em dose dupla e significa:

T = Talento e Tesão
P = Propósito e Paixão
M = Meta e Motivação

Nesse panorama, "tesão e paixão", "propósito e meta" apesar de serem considerados coisas semelhantes, no meu vocabulário particular esses termos têm conotações diferentes. Para que isso fique claro, veja resumidamente as implicações de cada um desses fatores:

- **Talento:** trata-se de uma inteligência natural, um dom divino, que todos recebem sem aviso ou manual de instrução. Ele não é aprendido, e sim, descoberto.
- **Tesão:** normalmente associado ao desejo sexual,

esse termo também pode indicar força e intensidade. Para mim, ele traduz uma energia vital, despertada pela descoberta do talento.

- **Propósito:** também ligado à descoberta do talento. É ação, é o caminhar em direção a uma meta. Quando o encontramos, adquirimos a força de quem sabe traçar o próprio caminho na vida.

- **Paixão**: sentimento ou emoção levado a um alto grau de intensidade, a paixão não se restringe à relação amorosa entre seres humanos. Pode e deve estar associada a todos os aspectos da vida, do profissional ao pessoal.

- **Meta**: é o ponto ou pontos que queremos alcançar. Ela exige planejamento estratégico, visão clara de nossas reais possibilidades, do que está ou não ao nosso alcance. Por isso, sempre recomendo o estabelecimento de metas alcançáveis a curto ou médio prazo, que prepare para outras maiores.

- **Motivação**: também um fator de ação, uma atitude proativa, que desperta naturalmente o entusiasmo, facilitando a passagem entre metas de intensidades diferentes (de curto para médio e, finalmente, longo prazo).

Quando você descobre o seu talento, o tesão é inevitável e alimenta o propósito que o leva à paixão. Esta, por sua vez, o move em direção à sua meta, com motivação (entusiasmo).

Todos esses fatores exigem autoconhecimento – se não sabemos quem somos, como podemos descobrir nosso talento e estabelecer metas? – e estão estritamente ligados - um simplesmente não existe sem o outro.

Segundo Edward B. Butler, "uma pessoa tem entusiasmo durante 30 minutos, outra durante 30 dias, porém, a pessoa que mantém o entusiasmo por 30 anos é a que tem sucesso na vida".

Sozinha, a TPM corporativa não gera atitudes que correspondam às atuais exigências do mercado. Ela precisa, obrigatoriamente, estar associada a atributos imprescindíveis àqueles que visam à ascensão da carreira - o GPS (Global Position System), a bússola do século XX, mas que nesse caso a sigla está alinhada a significados e conceitos diferentes da tradução literal da expressão inglesa.

- **G** indica genialidade, que se expressa graças à autoconfiança e à autoestima, sentimentos que liberam a ousadia e duas outras qualidades extraordinárias: a criatividade e a coragem. A genialidade vem à tona quando são expostas ideias, realizações e projetos.
- **P** indica preservação, prevenção e promoção da natureza, da qualidade de vida, de nós mesmos e dos outros e, também da carreira. Gera uma condição de respeito que alinha todas as áreas da vida à responsabilidade sustentável.
- **S** indica solidariedade, que implica cooperar e compartilhar com os outros em todos os níveis: social, familiar, profissional, afetivo.

Profissionais que entram em ação atentos ao GPS e à fórmula TPM estão muito mais bem preparados para encarar os novos princípios que regem o mundo corporativo.

No Brasil existem milhões de pessoas disponíveis para trabalhar a qualquer momento, porém, a dificuldade dos profissionais de recrutamento e seleção para preencher diferentes vagas nas empresas é justamente encontrar profissionais conscientes dos seus talentos e focados na área profissional que querem atuar.

Então, qual ou quais são os seus talentos?

Desconhecer seus próprios atributos gera uma infinidade de impedimentos. Como pode um profissional empregar um atributo se ele não o conhece. E, sem conhecê-lo, como poderá definir seus próprios objetivos? Esse quesito é uma premissa básica. Quando uma pessoa deseja ter uma carreira em ascensão, todas as suas decisões devem ter como base os seus talentos e os seus propósitos. Se você não sabe quais são eles, que rumo dará à sua carreira? Então, vamos unir à pergunta do início deste capítulo outras questões importantes:

- O que você entende como propósito de vida?
- O que ele tem a ver com manter a sua carreira?
- Quais são seus três maiores talentos?
- Você tem utilizado os seus talentos em prol da sua carreira?

Quando não temos objetivos bem definidos, essas perguntas geram incômodo. Parece difícil especificar algo que desencadeia tantas possibilidades. Mas, é esse o caminho. Você precisa ter clara essa questão para sustentar uma carreira e se posicionar em níveis de ascensão. Vamos lá!

Como você está, onde está?

Há quanto tempo você está na função atual? Neste período, você tem aproveitado todas as oportunidades de desenvolvimento que surgiram? Você acredita que está realizando tudo que poderia realizar? Pense bem nessas questões, pois se você ainda tiver lenha para queimar na função que exerce hoje, talvez não seja o momento de sair dela.

Há quem acredite em coisas do tipo: "se eu não chegar a diretor até 40 anos, não chegarei mais". É compreensível que na corrida pelos postos de comando das empresas as pessoas sintam-se pressionadas a ascender rapidamente, mas isso não quer dizer que possam queimar etapas sem terem amadurecido o suficiente em cada uma delas.

No cargo que você ocupa hoje ainda podem existir grandes desafios, muitas oportunidades, habilidades para adquirir e espaço para crescer. Você é capaz de ver isso?

Mais do que chegar a determinado cargo com sei lá quantos anos, você deve se preocupar em desenvolver-se ao máximo na função atual. É isso que o fará ter o melhor desempenho, e não a pressa em ser promovido.

Você já pensou que o fato de conhecer bem determinada área, ao invés de ser justificativa para a estagnação, pode contar pontos a seu favor?

Muito se diz a respeito da Geração Y, pessoas nascidas após a década de 80 – profissionalmente elas são íntegras, comprometidas, se mantêm atualizadas, aprendem rápido, são inovadoras e têm objetivos claros e definidos para uma ascensão profissional rápida.

De forma equivocada, a mensagem que muitas vezes fica é que basta ser jovem, motivado e ter uma ótima ideia para ser ter uma carreira em ascensão.

A teoria é extraordinária, mágica, mas a realidade mostra que para alcançar esse objetivo é necessário muito trabalho, doação e empenho.

Na prática, é fundamental unir as características da Geração Y com conceitos que sabiamente funcionam. Isso inclui qualificação acadêmica que, de certa forma, pode compensar a falta de experiência e um bom planejamento, com definições claras de objetivos. E você, mesmo há tanto tempo em uma empresa pode ser o elemento chave para que uma ideia inovadora venha à tona, lembrando sempre que inovação sem inteligência é apenas criatividade sem objetivo.

Saber sobre tendências é uma das minhas paixões e não me prendo ao que pode favorecer diretamente a profissão que sigo hoje. Todas as informações, de uma forma ou de outra, podem servir como *insights* para que você dê um novo rumo à sua carreira. Mídias sociais, por exemplo, é um dos assuntos que tem me atraído muito e trataremos sobre a importância desses recursos na ascensão de uma carreira mais adiante. Mas, agora vale chamar a sua atenção notícia que li recentemente.

Você sabia que em dez anos o Brasil pode ser primeiro destino de turismo rural do mundo?

O grande potencial do País vem de sua forte tradição agrícola. Hoje, o Brasil ocupa o quarto lugar entre os principais destinos de turismo rural no mundo. Segundo especialistas, o grande potencial do Brasil se deve ao fato de ser um país que nasceu colônia rural e tem uma tradição agrícola forte, material primordial para o desenvolvimento do setor. A Lei de Turismo Rural já foi aprovada e deve ser reconhecida como uma atividade formal, com direito a CNPJ Rural e emissão de Nota Fiscal, condições que impulsionam a economia do País e estimulam a profissionalização do setor.

Com isso, jovens descendentes de famílias ruralistas que não valorizam os conhecimentos que têm, podem perder a chance de se aperfeiçoarem em um mercado inovador com visíveis possibilidades de ascensão. Isso enfatiza o posicionamento de muitos profissionais que buscam fora o que ele já tem para fazer decolar sua carreira.

Será que esse não é o seu caso? Uma autoanálise fará com que respostas brotem em sua mente e se está faltando estímulo para que isso ocorra, então faça para você mesmo as seguintes perguntas:

- Quem escolheu a carreira que você segue hoje?
- Quem ou o que está no controle da sua vida profissional?
- Quanto você está realmente comprometido com a ascensão da sua carreira?
- O que deve ser feito para que a sua ascensão dependa apenas de você e seja mantida por você?

Você só estará preparado para o próximo capítulo quando essas questões estiverem claras para si. Detenha-se ante o desejo de avançar a leitura, independentemente dos argumentos – você pode cair em uma grave armadilha!

Você compete ou concorre?

O ritmo de vida contemporâneo tem levado muitos homens e mulheres a tornarem-se vítimas de suas próprias expectativas. Eles têm adotado um modelo ou exemplo a ser seguido, deixando de lado seu verdadeiro eu e, infelizmente, fazem adormecer seus talentos e habilidades. Isso tem feito com que muitos profissionais fiquem cada vez mais estressados na tentativa de acompanhar o ritmo de "todos" os acontecimentos. Eles se comportam como em uma maratona. Competindo pelos primeiros lugares e tudo é prioridade, tudo é importante, tudo é necessário.

Na ânsia de gerir informação, tem muita gente enchendo seus currículos de cursos, diplomas, encontros e informações não porque tem clareza de que tudo isso é relevante, mas por achar que precisa "seguir a tendência do mercado". Eles imaginam que perder qualquer acontecimento é um risco que pode levar à exclusão e, por isso, são tão rigorosos e cobram de si mesmos resultados, desempenho e infalibilidade - o ter e o fazer tornaram-se, indevidamente, termômetros de competência, sucesso, status e poder.

Existe uma grande diferença entre competir e concorrer. Por mais contraditório que isso possa parecer, o desejo de ser um profissional competitivo pode limitar uma carreira simplesmente porque competir é lutar para ser melhor que o outro e acreditar que só um pode vencer.

Quando um profissional se deixa conduzir pela necessidade de competir, sua tendência será fazer o que todo mundo faz para atingir determinado resultado. Guiado por estes parâmetros você perde o rumo até mesmo das coisas mais preciosas e pode fazê-lo tomar decisões que o conduzirão a posições bem distantes dos seus mais sinceros desejos.

Se os seus "adversários" fizeram certos cursos, leituras e treinamentos, você se sentirá na obrigação de fazê-los também, afinal, não quer ficar em desvantagem.

Você acha que conseguirá ser uma pessoa/profissional bem-sucedido quando alcançar uma posição que não tem nada a ver com você?

Quando competimos olhamos tanto para o outro que passamos a adotar um referencial externo, quando, na realidade, é o interno que devemos ter – o dos nossos talentos e diferenciais.

Outra questão relevante é que nem sempre a maioria está certa! Há alguns anos eu mantenho a prática de fazer uma longa viagem fora do Brasil. A princípio, os grandes e badalados centros de negócios e turismo me atraiam e durante muito tempo eu percorri roteiros que eram apresentados como "parada obrigatória" para quem atua no mercado de palestras e conferências. Em uma dessas viagens percebi que a proposta de viagem sabática, a que propõe o ócio criativo e não somente de negócios em si, estava se tornando um recurso comum e, sem titubear, mudei meus roteiros!

Com a mente constantemente fervilhando de ideias e incomodada por fazer o que a maioria estava fazendo, decidi "transgredir" essa regra e, somente depois disso passei a vivenciar surpreendentes experiências com a diversidade cultural.

No final de 2010, estive no Butão, pequeno reino do Himalaia, localizado entre a China e a Índia, na Ásia, uma das nações mais pobres do globo. Apesar disso, de acordo com a Organização das Nações Unidas, esse país figura entre os dez mais felizes do mundo.

Com pouco mais de 700 mil habitantes e sistema monárquico, o rei decidiu priorizar a felicidade de seu povo e criou a Felicidade Interna Bruta (FIB) como substituta do que para nós é o Produto Interno Bruto (PIB). Ah! Não me espanto que a essa altura você esteja fazendo a seguinte pergunta:

O que eu tenho a ver com as viagens sabáticas de Leila Navarro se eu busco nesse livro estratégias para colocar minha carreira em níveis de ascensão?

Ainda mais em um capítulo com abordagem sobre competição e concorrência! Parabéns! Boa pergunta! Para mim, competição, concorrência e minhas viagens sabáticas são elementos conectados. Quando eu competia, minhas viagens em busca de novas experiências, mesmo atraída por tantas novidades, tinham baixo aproveitamento. Eu ficava tensa e ansiosa com a possibilidade de deixar passar alguma coisa que fosse apontada como relevante. É como se a minha mente ficasse o tempo inteiro me acusando de não ter feito o que ouvi dizer que era bom. Quando percebi a batalha mental, dei um basta na competição e passei a concorrer.

Com a concorrência eu mantenho a consciência de que devo me aperfeiçoar, renovar e buscar o que para mim é novo. Hoje faço extraordinárias interconexões, correspondo às minhas próprias necessidades e aprendo com atributos que considero relevantes e eu gosto muito: ter curiosidade e fazer perguntas - para os outros e para mim mesma. Deixei de competir e expandi!

Concorrer é "correr com", "correr junto". É ter consciência de que cada profissional é único e singular com suas habilidades, potenciais, pontos fortes e fracos. Assim como cada um é único, sua trajetória de desenvolvimento, seu momento e suas necessidades também os são! Sua carreira é única.

A ideia de competir só fará você se comparar aos outros constantemente e pode limitá-lo, já que a medida de crescimento que busca está sempre no outro. Se, em vez disso, concorrer – correr junto –, entenderá que cada um tem o seu caminho, suas oportunidades e resultados. Quando a gente "corre com", não precisa ficar se comparando com os outros o tempo todo.

Você tem explorado o seu diferencial?

Descartei "diferencial competitivo" porque, para mim, qualquer que seja o seu atributo diferente, será passageiro. Pense bem! Se a competição se baseia em uma comparação com o que os outros fazem, um "diferencial competitivo" tem vida curta, porque logo os outros copiarão o seu diferencial para competir com você. Diferencial e competição são duas coisas que não podem ser associadas, pois uma é o contrário da outra. Isso aponta a dificuldade crescente que as empresas têm para fugir da "comoditização" de produtos e serviços.

"Diferencial" é uma característica única, um traço pessoal inimitável, uma marca registrada, algo que nos distingue dos outros. O seu "ser diferente" pode ser aquilo que só você sabe fazer ou faz de um modo todo especial e geralmente está ligado a experiências de vida e habilidades que desenvolveu. É facilmente reconhecido pelas pessoas, pois trata de algo que elas percebem que não têm, mas será que você mesmo reconhece? Comece a prestar atenção nos elogios que recebe ou tente identificar aquilo que as pessoas pedem para você fazer, porque do seu jeito é melhor!

Você já pensou que diferencial é a capacidade de discernir como utilizar o que já sabe para ir além do que se espera?

O reconhecimento do diferencial é essencial para uma carreira bem-sucedida. Havia um profissional que há vários anos trabalhava na área de compras técnicas e se destacava pelas ótimas negociações que conseguia fazer com os fornecedores de sua empresa. Porém, ele não via grandes perspectivas de crescimento em sua função e, um dia, contou ao chefe que estava pensando em mudar de área.

O chefe, baseado no que havia percebido, mas que para

seu colaborador não passava de algo "normal", fez um elogio bastante perspicaz: "ora, vamos, você tem um belo futuro como comprador. É o melhor negociador que conheço".

Depois dessa conversa, o comprador ficou matutando como aproveitar sua habilidade em negociar para subir na carreira e achou que poderia ter sucesso na área de vendas. Não deu outra! Ele mudou para o departamento comercial e está se dando muito bem. O chefe conseguiu reter um talento na empresa. Reconhecer e explorar um diferencial faz muita diferença!

Na ânsia para explorar novos desafios, você não tem deixado passar despercebidas habilidades que fazem diferença na atividade que exerce, sem dar o devido valor?

Muita gente entrou no esquema *fast-food* até mesmo com seus diferenciais - isso eu já sei fazer, então preciso acrescentar mais alguma coisa em meu currículo! O risco está em querer acrescentar mais e mais citações e não ter real competência para realizar bem qualquer uma delas.

Existem profissionais que transformaram a habilidade de organizar guarda-roupa, por exemplo, em profissão. Mas não espere que os outros encontrem o que você deve apenas reconhecer. Se você ficar inseguro em reconhecer suas habilidades então é o momento de romper essa barreira. Você tem habilidades! A sua tarefa é encontrá-las e colocá-las em prática. Então, comece agora a buscar na sua forma de ser, viver e agir o que faz diferente:

- O que as pessoas mais apreciam em você no local de trabalho?
- Seus colegas costumam fazer elogios sobre determinada forma de você exercer a sua função? Quando isso acontece?

- O que você mais gosta de fazer e realiza com entusiasmo e naturalidade?
- Na sua ausência outros profissionais teriam dificuldade para executar as suas funções? Por quê?

Você é um profissional sustentável?

Ainda existe uma conotação simplista com relação ao tema sustentabilidade. É comum a associação restrita desse conceito à prática de reciclagem e de economia de energia elétrica e água. Porém, a sustentabilidade é muito mais ampla e está bem longe de ser uma febre momentânea ou modismo da nova geração.

O aquecimento global, a escassez de água e alimentos, e todas as previsões catastróficas para este milênio têm criado uma conscientização mundial de que é preciso cuidar do planeta. Desde a melhor utilização dos recursos naturais para suprir as demandas de consumo – o que envolve toda a cadeia produtiva - até o consumo consciente têm sido pauta constante nas mais diversas rodas de debate.

O tema vem expandindo territórios e envolvendo áreas de diferentes segmentos. Cada vez mais as empresas buscam colocar em prática ações de sustentabilidade como uma estratégia competitiva – um novo modelo de gestão. Esse paradigma vai demandar, acima de tudo, a formação de uma nova geração de gestores que entendam os sistemas econômicos como dependentes dos sistemas naturais e não o contrário. Envolve também resultados financeiros, sociais e ambientais, aliados a boa prática de governança e interfere positivamente na dimensão econômica, agregando valor à companhia.

A sustentabilidade vem estabelecendo parâmetros desde o marketing até a filosofia da empresa. Embora seja mais visível e debatido, o cuidado com o meio ambiente é apenas um dos aspectos que compõe o conceito nas corporações. Já existem críticos mundiais que estabelecem regras para que quesitos de sustentabilidade constem nos balanços da empresa de capital aberto. Isso está começando a impactar a rentabilidade de instituições, já que as mais sustentáveis são as mais procuradas na Bolsa de Valores. Além disso, já existe um movimento entre os bancos que terão de incluir entre suas práticas a concessão de taxas de financiamentos menores para empresas mais sustentáveis.

As ações ainda são tímidas na maior parte das organizações, mas tudo caminha para uma mudança significativa nesse sentido. As empresas e as marcas em geral estão pensando cada vez mais em sustentabilidade como um diferencial competitivo. Nessa seara, já existem iniciativas interessantes como, etiqueta ecológica que, além de ser produzida em papel reciclado, contém semente de cravo. Descartada em terra fértil, se transforma em cravo – repelente natural do mosquito da dengue; loja projetada com madeira certificada, telhas ecológicas, tintas a base de água; prédios com coletores de água das chuvas, energia solar para aquecimento de água e coleta seletiva; investimentos em produtos reutilizáveis; cosméticos com ingredientes naturais e até academia ecológica.

Mais que recurso financeiro, começa a faltar profissional habilitado que dê conta da demanda. Especialistas revelam que por se tratar de um conceito relativamente novo, diversas empresas encontram dificuldades para reeducar suas equipes e conscientizar profissionais que nunca se preocuparam com essas questões. A chegada de colaboradores que atendam a este perfil é cada vez mais exigida e desejada pelas organizações. Surgem, então, excelentes oportunidades no mundo corporativo. Quanto mais o profissional tiver consciência ambiental, mais bem direcionada estará sua carreira.

Já existe no mercado curso de Gestão de Sustentabilidade. Ele apresenta o potencial da sustentabilidade como fator estratégico essencial para a obtenção e manutenção da vantagem competitiva em um ambiente cada vez mais globalizado. Já são utilizados também instrumentos de avaliação de resultados, previsão de riscos e identificação de oportunidades, voltados para empresários, administradores, consultores, operadores financeiros, auditores, advogados, entre muitos outros profissionais. O conceito de sustentabilidade representa hoje uma nova maneira de fazer negócios.

Ao buscar reduzir sua pegada no planeta e deixar uma marca responsável na sociedade, as empresas do século XXI garantem a oferta de produtos, serviços e modelos de negócios inovadores em longo prazo.

O profissional sustentável promove equilíbrio mental e ambiental no seu cotidiano. Ele cuida da própria carreira em sintonia com valores éticos, as crenças e a missão da organização. Seu foco profissional está alinhado aos valores pessoais e aos da empresa. Entre os desafios, o profissional deve pensar e agir em um contexto global, ampliando o propósito das corporações para além dos resultados financeiros e evidenciando a ética.

Ser um profissional de carreira sustentável não significa, necessariamente, mudança de área de atuação. Em todos os setores da economia, mais cedo ou mais tarde, até por questões de sobrevivência, devem incluir em suas decisões estratégicas práticas de sustentabilidade – trata-se de evolução corporativa. É ela que ditará as regras do jogo também como diferencial na carreira. O profissional com a visão de carreira engajada às necessidades do mundo corporativo deve ter claros os seguintes aspectos:

- A atividade profissional está integrada à prática da sustentabilidade?
- O planejamento de carreira está alinhado ao tripé economia – meio ambiente – sociedade?
- O posicionamento profissional tem foco nas exigências de *stakeholders* (clientes, fornecedores, acionistas, financiadores, sustentabilidade, empregadores, etc)?
- As necessidades profissionais estão integradas aos projetos de sustentabilidade da corporação?

Apresentar-se como um profissional sustentável é, sem dúvida, um diferencial competitivo na hora da contratação. Mas vale observar que o profissional sustentável não é apenas o que atua de forma positiva nas organizações. É preciso ter uma postura adequada, agir de acordo com o que informa, e demonstrar cooperação e interesse em relação à comunidade, aos clientes, demais funcionários e fornecedores. Aliás, está intimamente relacionado ao que veremos sobre confiança em um dos próximos capítulos. Os horizontes oferecem panorama favorável àqueles que estão atentos às demandas do mundo corporativo.

- O que você precisa para desenvolver habilidades e se posicionar de forma promissora no mercado?
- Você pode ser considerado um profissional com visão sustentável?

Qual a base sustentável de uma carreira de sucesso?

Quando falamos em carreira de sucesso, podemos alinhavar o termo a diversas possibilidades. Isso porque o significado da palavra sucesso, na prática, não nos conduz a um único sentido – tem diferentes dimensões para cada indivíduo. Cada pessoa tem a sua visão de sucesso e esse cenário é construído de forma bastante peculiar para cada um de nós. Para um ele pode representar uma vida pacata, um emprego estável, carteira registrada e um salário fixo suficiente para viver. Para outro, ser presidente ou diretor de uma multinacional, ter agenda cheia de compromissos, reconhecimento social ou uma gorda conta bancária que garanta renda sem grandes preocupações.

Os extremos não invalidam o conceito, nem as bases para alcançá-lo, porque sucesso não tem a ver com fama, popularidade, condição social ou riquezas. A verdadeira conotação do termo está ligada à satisfação íntima, à realização de sonho, à conquista de um objetivo particular que tenha sido criado a partir de parâmetros pessoais. Por sua vez, a conquista de objetivos está intimamente ligada ao conhecimento de quem somos e o que gostamos de fazer. Subjetivismo? Certamente não. É paradoxal. O fato é que em plena era dos avanços tecnológicos e inovações revolucionárias em diversos setores, o número de pessoas que não sabe (ou tem medo de assumir) se casa, compra uma bicicleta ou viaja para Bangladesh é muito grande.

Autoconhecimento é a palavra de ordem! Um aspecto relevante dessa competência é a identificação de talentos – a capacidade que cada um de nós tem de explorar os frutos da experiência pessoal para alcançar a realização. Pessoas que conquistam o seu espaço e o sustenta são aquelas que identificam e assumem as coisas que gostam e sabem fazer com naturalidade, facilidade e prazer. O reconhecimento de aptidões e habilidades permite a criação de uma trajetória pessoal e profissional diferenciada e bem-sucedida. Embora alguns casos de sucesso deem a impressão de que se trata da história de uma pessoa de sorte ou um privilegiado do destino, ao analisarmos atentamente a maioria dos casos, encontramos histórias de pessoas que descobriram e exerceram seus talentos prazerosamente.

Conhecer e potencializar seus próprios talentos e habilidades torna a pessoa comprometida e responsável por criar a sua própria realidade. Nessa busca, consequentemente são desenvolvidas outras importantes competências.

Quando uma pessoa reconhece e coloca em prática os seus talentos, a sua autoconfiança se fortalece, cada passo conquistado eleva a sua autoestima e naturalmente ela percebe que o principal incentivo para suas realizações independe da aceitação alheia e sim da sua automotivação. Isso desperta a necessidade de manter em "estado de atenção" o que chamamos de autoconsciência e também desenvolver a autorregulação, o equilíbrio necessário para adaptar-se às diferentes circunstâncias. Uma competência desencadeia o processo para outra. No mundo dos negócios o conhecimento e o capital intelectual não são tudo.

O sucesso acontece naturalmente para a pessoa que tem a coragem e a simplicidade de ser ela mesma. Na Revista Você S/A (edição 178), Robert Steven Kaplan, professor de Harvard, diz que o sucesso depende de um processo corajoso de conhecimento pessoal. Com essas considerações você pode afirmar a sua carreira, tem base sustentável para corresponder às exigências do mundo moderno? Você é um profissional sustentável?

Você está preocupado com a visão do todo?

Se o seu objetivo é chegar à alta direção de uma empresa, esqueça o tradicional modelo de ascensão linear, no qual o profissional desenvolve sua carreira dentro de uma determinada área – comercial, financeira, técnica, de recursos humanos ou de marketing, por exemplo. O executivo moderno precisa ter visão global do negócio e isso só se adquire com a vivência em vários segmentos da empresa.

O diploma conquistado em um curso de graduação não o obriga a seguir para sempre a trajetória natural de sua profissão. No atual panorama corporativo, nada impede que um engenheiro trabalhe na área comercial e depois migre para a de marketing, ou um advogado passe um tempo na área administrativa e depois experimente a de finanças ou a de gestão de pessoas. Hoje é perfeitamente possível um profissional desenhar a sua carreira com transição fora do convencional desde que se prepare para isso.

Talvez o preparo mais lógico seja fazer uma pós-graduação ou curso de especialização na área a que você visa. Mas existe também a possibilidade de aproximar-se dela aos poucos, procurando participar de projetos integrados com outras divisões. Caso você trabalhe no setor de marketing, seria muito interessante acompanhar o planejamento que o pessoal da produção realiza para implantar um processo de fabricação, conhecer os estudos que o setor de meio ambiente desenvolve para tratar adequadamente os resíduos daquele processo industrial e entender o impacto que o lançamento do novo produto terá nas finanças da empresa, por exemplo. A tendência das empresas é funcionar de modo cada vez mais integrado e tudo que você puder sugerir e efetivamente fazer nesse sentido agregará muito para a carreira.

As andanças de um profissional por diferentes áreas de uma empresa mostram que ele dá valor ao aprendizado e à desejada visão global. Num tempo em que a gestão participativa ganha corpo nas empresas, a visão global é fundamental para todos os níveis e categorias profissionais. Porém é necessário planejar bem a trajetória de carreira e permanecer em cada área o tempo suficiente para entender seu funcionamento e necessidades. Quem não esquenta cadeira não aprende, só faz turismo.

Segundo Philip Kotler, homem considerado o 4º maior guru de negócios pelo Financial Times (2005), existem três tipos de pessoas: as que fazem as coisas acontecerem; as que ficam vendo as coisas acontecerem e as que se perguntam o que aconteceu.

De qual grupo você faz parte?

A gestão participativa no mundo corporativo diz respeito ao modelo contemporâneo que enfatiza as pessoas que fazem parte de uma organização, favorecendo a participação de cada uma no processo de administrar. Por meio dessa abertura, espera-se o comprometimento com resultados: eficiência, eficácia e qualidade.

Não existem profissionais descartáveis e sim pessoas que acabam por se descartar. Para corresponder à estrutura do modelo participativo é necessário potencializar competências e colocá-las à disposição de toda empresa. O novo paradigma gerencial requer funções descentralizadas participativas, interdependentes e integradas. Ter a capacidade de enxergar o todo se tornou fator determinante. Sua capacitação e motivação é que torna possível o aumento de eficiência dos processos e produtividade de qualquer organização.

De cada profissional é esperada a iniciativa para o desenvolvimento do todo. Entre as diversas vantagens da Gestão Participativa está a participação eficaz dos colaboradores nos objetivos da empresa. O mercado busca perfis de pessoas que produzam resultados.

Você entende como o seu comprometimento deve gerar um clima propício ao desenvolvimento qualitativo no trabalho e, consequentemente, o aumento da produtividade em suas funções?

Escolher, manter ou investir em uma profissão usando apenas o critério de "o que vai me trazer dinheiro" é um engano recorrente entre muitos profissionais. Pesquisadores do mundo do trabalho enfatizam a importância da paixão para a carreira dos indivíduos. Eles garantem que esse sentimento constitui um fator determinante para o sucesso pessoal e profissional. As organizações estão cada vez mais atentas a esse atributo, assim como, propósitos e metas individuais.

Hoje, mais que títulos acadêmicos e características pessoais, as empresas buscam pessoas empreendedoras, com capacidade de sonhar e de transformar os seus sonhos em realidade tanto dentro como fora da empresa. E, para que cada sonho se concretize é necessário empenho, clareza da missão pessoal, a identificação e prática de nossos talentos, competências e aptidões. Por mais concorrido, complexo e exigente que esteja o mercado de trabalho, não existe impossível para quem tem definido os seus objetivos de vida, um planejamento e se prepara, apaixonadamente, para atingi-los.

Com uma estrutura participativa, o importante não é apenas ser bem remunerado para ser uma pessoa feliz e produtiva. A sua disposição deve ser a de proporcionar à empresa (ou mesmo ao seu próprio negócio) o sucesso e excelência empresarial. Assim, alcançará maior reconhecimento no mercado e, consequentemente, obterá maior lucratividade em todos os sentidos, inclusive no financeiro. Baseado na realidade desse modelo de gestão é necessário fazer a seguinte reflexão:

Entre um colaborador que se dispõe a enxergar o todo e a participar dos projetos e decisões da empresa onde atua e outro que se limita a fazer estritamente o que cabe à sua função, qual deles será sempre lembrado?

Lembre-se que para desbravar o seu espaço no mundo corporativo é importante investir tempo de qualidade com seu próprio eu e, para isso, vale a pena parar, refletir a respeito e responder com clareza e honestidade às perguntas:

- Você tem competência e disposição para enxergar o todo?
- A sua conduta profissional é participativa ou se limita ao exercício da sua função?
- O que você pode fazer para ampliar a sua visão e os seus recursos em favor de sua carreira ou do seu negócio?

O que você pode aprender na situação em que está agora?

Às vezes, por um motivo qualquer, a carreira de um profissional tem um desvio e ele é colocado em uma função bem diferente da que gostaria de exercer. Então se aborrece, perde a motivação e tenta de todas as maneiras sair dali. Tudo bem! Não acho que deva se conformar com algo que o deixa insatisfeito, mas será que não pode aproveitar a circunstância e aprender alguma coisa?

Nada acontece por acaso e há sempre uma razão para estarmos onde estamos. O fato de ter ido parar no lugar "errado" pode ser um teste para o seu senso de oportunidade e sua persistência, ou talvez a chance de aprender algo novo, que jamais aprenderia por conta própria.

Uma publicitária que conheço estava muito feliz - totalmente identificada com seu trabalho e com boas perspectivas de progresso na carreira. De uma hora para outra, a agência em que ela trabalhava foi comprada e seu cargo, extinto. Ofereceram-lhe uma vaga no setor de pesquisa de mercado, que ela só aceitou para não ficar desempregada. No começo, achou que não conseguiria ficar um mês no novo departamento, que era o reino das metodologias e análises – o oposto do setor criativo em que trabalhava antes. Com o tempo, porém, passou a ver alguns atrativos na pesquisa de mercado e acabou ficando no cargo por quase um ano, enquanto procurava emprego em sua área. Certo dia recebeu uma ótima proposta de trabalho na criação publicitária de uma pequena agência, onde o aprendizado na interpretação de pesquisas de mercado foi considerado um diferencial importante.

Você já pensou que pode ser mais vantajoso tirar proveito de uma situação adversa do que ficar brigando com ela?

Transformar adversidades em oportunidades é uma habilidade que poucos têm. A vida pode estar oferecendo a chance de desenvolver essa habilidade agora. É pegar ou largar.

Uma forte tendência para os colaboradores qualificados é que eles passem a desempenhar atividades diferentes das previstas por sua formação acadêmica ou técnica. Isso não significa jogar o diploma no lixo, mas que precisam de atualização, o que implica perceber para onde o mundo está indo e se adaptar, mesmo que isso signifique mudar de área ou profissão. Ter no currículo uma só ocupação, exercer a mesma profissão por muito tempo ou fazer carreira longa será, cada vez mais, coisa do passado.

Estamos em plena "era da multifuncionalidade", conceito difundido pelo sociólogo italiano Domenico de Masi e o economista norte-americano Jeremy Rifkin, defensor da ideia que o trabalhador pode encontrar outras atividades ou oportunidades fora do percurso convencional de uma carreira.

Falar no quesito flexibilidade equivale dizer que os comportamentos rígidos, ideias engessadas, postura passiva e métodos tradicionais estão definitivamente abolidos. Prontidão, na carreira profissional, significa exatamente o que quer dizer a palavra: estar pronto para o que der e vier. Disponibilidade vai além de estar livre para viagens. Hoje o termo nos remete a estar disponível para situações variadas.

Em certa ocasião eu passei por um período de agenda bem apertada, com palestras agendadas em pontos extremos do País. Eu tinha acabado de chegar do sul e, enquanto minhas peças de roupas eram trocadas na bagagem, eu apresentava uma palestra em São Paulo para, em seguida, embarcar para Goiânia. Se eu não estivesse estruturada para isso, não aguentaria o ritmo. Mas, o fato é que na palestra em São Paulo, durante o aquecimento, eu torci o joelho. Como sou fisioterapeuta de formação, fiz o que era necessário para manter a postura e segui em frente. Com o entusiasmo para entrar em cena, eu me esqueci da dor e mandei o recado.

No percurso de volta para casa, com o corpo mais relaxado, o joelho começou a incomodar e logo notei que algo estava errado. Durante a noite, a dor foi insuportável e aumentava ainda mais quando eu lembrava que no dia seguinte precisaria embarcar para cumprir mais um compromisso. Como conseguiria pegar taxi, carregar malas, fazer check-in, entre tantas outras coisas, sozinha?

Liguei em horário inadequado para uma parceira de trabalho e pedi socorro. Ao escutar minha história, ela rapidamente desligou o telefone, providenciou passagem no mesmo voo, fez reserva no hotel, organizou sua mala e, em poucas horas, estava à minha espera na sala da minha casa, com seus planos totalmente alterados para o final de semana.

A capacidade de improvisação é um complemento da prontidão e da disponibilidade. É igualmente importante a capacidade de diagnóstico, que nos dá clareza sobre o que está acontecendo e o que deve ser feito. Curiosidade move o mundo! O diálogo permeia todas as relações humanas, mas não basta saber falar. É importante ouvir, ponderar sobre o que ouviu e responder após uma reflexão isenta de ideias preconcebidas. É essencial aprender sempre, independentemente da circunstância. A disposição para o aprendizado constante está intimamente ligada à automotivação.

- Você está preparado para encarar mudanças inesperadas?

- O que você pode aprender na situação em que está agora?
- Você considera coerente ter um compromisso com a mudança? Por que e de que forma você pode concretizar esse comportamento?

Você tem atitude empreendedora?

Um dia fiz essa pergunta a um amigo que se queixava do marasmo em que se encontrava sua vida profissional. Ele então respondeu: "atitude empreendedora para quê, se não sou o dono da empresa?". Nem continuei a conversa, pois essa resposta esclareceu tudo. No que dependesse do meu amigo, infelizmente, ele continuaria estacionado na mesma função sabe Deus por quanto tempo, pois não tinha um pingo de espírito empreendedor para sair de lá.

Empreender é ter um plano e ser capaz de realizá-lo – e isso cabe perfeitamente em sua carreira, mesmo como empregado. Quem tem espírito empreendedor define metas, planeja os passos necessários para alcançá-las e tem confiança em sua própria capacidade de realização. Sabe como obter a informação necessária para o cumprimento de seus objetivos. É capaz de fazer sacrifícios pessoais e esforços extraordinários para cumprir suas tarefas. Compromete-se com os resultados e enfrenta os obstáculos com persistência, seja mantendo sua estratégia ou mudando aquilo que não funciona. Tem disposição para correr riscos calculados e assumir responsabilidade por eles. É competente e trabalha para fazer sempre mais e melhor, buscando satisfazer ou superar expectativas de prazos e padrões de qualidade.

Atualmente, o jovem empreendedor entra no mercado familiarizado com a tecnologia, com o vasto acesso à informação e habituado em criar e colocar em prática ideias inovadoras. Mas, além desses atributos o sucesso e a ascensão profissional somente serão alcançados com a combinação de todas as características da nova geração com conceitos que não perdem a validade, como planejamento, estudo de mercado, entendimento das oportunidades e ameaças, estratégias de ação e velocidade em contornar problemas.

O empreendedor é dotado de visão ampla seja, na posição de empresário, gestor ou simplesmente um colaborador em uma empresa. Ele deve ser ambicioso, ousado e pensar como crescer o mercado global, visando a atender necessidades que há alguns anos nem se cogitava a existência, utilizando lógica e razão. Sustentabilidade é a palavra chave! Quem tem visão empreendedora consegue vislumbrar o engajamento sustentável em qualquer negócio.

O mundo está repleto de oportunidades para quem deseja empreender! A solução para alavancar novos modelos de negócios é o investimento em educação. Quem tem uma boa ideia precisa, além disso, prestar atenção em algumas necessidades: estudar, pesquisar e ler sobre o assunto e o mercado para estruturar um plano de negócios.

Pesquisas revelam que os empreendedores brasileiros, apesar de criativos, ainda têm pouco conhecimento para formatar modelos de negócios sustentáveis, principalmente no mundo digital. Aliás, quem tem mente empreendedora está sempre ligado às inovações e mudanças do mercado. É esse o seu caso? Você sabe o que é Campus Party? Está aí uma iniciativa genial!

Criado na Espanha em 1997, o Campus Party transformou-se em 16 anos de existência no maior evento mundial que integra tecnologia, conteúdo digital e entretenimento em rede. Os participantes - os campuseiros - mudam-se com seus computadores, malas e barracas para dentro de uma arena, onde se conectam a uma rede muito veloz e convivem em torno de oficinas, palestras, conferências, competições e atividades de lazer. Atualmente, o Campus Party é realizado na Espanha, Brasil, Colômbia e México. Na quarta edição do Campus Party Brasil, foi lançado um concurso voltado a novos talentos da tecnologia - o Campuseiros Empreendem, um concurso que possibilita a concorrência de jovens empreendedores em duas categorias: o Campuseiros Empreendem Aplicativos para dispositivos móveis (como PC, tablets e smartphones) e o Campuseiros Empreendem Geral voltado para projetos tecnológicos em qualquer área, desde que sejam novos no mercado.

Conversei pessoalmente com os sócios de uma start up (modelo de empresa jovem, embrionária, recém-criada, ou ainda, em fase de constituição, implantação e organização de suas operações) que, entre centenas de projetos, agarraram uma excelente oportunidade, justamente porque estavam no lugar certo, no momento certo, com uma proposta clara e bem definida. Com ousadia e determinação, eles garantiram o terceiro lugar no Campuseiros Empreendem, entre dezenas de outros concorrentes.

Eles são estudantes de administração com experiência em mercados diferentes. A garota, na época com apenas 20 anos, trabalhou com turismo e entretenimento e o rapaz, apenas dois anos mais velho, atuava na área de finanças e investimentos. Eles uniram forças, experiências e conhecimento e foram em busca de quem aceitasse suas ideias e conseguiram! A partir daí, eles passaram a analisar propostas de investidores para fechar com quem oferecesse a oferta mais atraente.

Quem tem visão empreendedora enxerga onde ninguém vê! O projeto que se destacou em terceiro lugar abrange o segmento de turismo e consiste na conquista de consumidores em períodos de baixa demanda isso em alguns clicks. A proposta desses jovens empreendedores promete girar o mercado de turismo e entretenimento muito em breve. Apesar da pouca idade eles não se intimidam, transpiram paixão pela ideia e, com a segurança de anos de experiência, contam o que entendem ser o segredo para atrair investidores no Brasil: "o caminho para atrair investidores é o networking e a coragem de expor suas ideias. Muitos empreendedores pensam que ao expor a sua ideia alguém vai roubá-los, mas isso é pouco provável. Desenvolver um projeto demora muito tempo e só um empreendedor de verdade leva isso à frente".

A competência do empreendedor é uma característica marcante, que envolve valores, comprometimento, confiança em seus próprios talentos e habilidades. Certa vez ouvi a declaração de um bombeiro sobre a sua conduta dentro e fora da corporação. A sua postura aponta o que seria ideal para todo empreendedor, seja ele dono do próprio negócio ou colaborador em uma empresa. "Sou bombeiro com ou sem farda. Eu posso até sair do Corpo de Bombeiros, mas o espírito de preservação da vida e o cuidado com o próximo é algo mais forte. O bombeiro não sai de mim".

Que empresário não quer ter por perto um profissional com alto nível de comprometimento e postura?

Um profissional que mostra essas características não fica parado na carreira. Quando enxerga uma oportunidade, ele investe esforços em busca do que é necessário para conquistar seus objetivos.

Existem pelo menos cinco fortes características no perfil atual de um profissional empreendedor e agora é um momento precioso para você questionar quais dessas atitudes você tem e quais são necessárias desenvolver. Tenho certeza que no momento em que você demonstrar pelo menos parte delas, não poderá se queixar de marasmo em sua carreira.

- Nunca desista de seu projeto. Ao contrário, mesmo que as circunstâncias pareçam desfavoráveis, ele abraça a sua causa!

- Está ligado em oportunidades de financiamento;
- Conta os seus projetos, não tem medo de expor suas ideias para os outros;
- Capriche na sua rede de relacionamento, converse e troque ideias com seus contatos.
- Utilize as redes sociais como ferramenta estratégica.

Aliás, por falar em redes sociais, quanto desse assunto já faz parte da sua vida? Vamos ao próximo capítulo. Conhecimento nunca é demais e, em se tratando de mundo virtual, tudo o que você sabe agora pode se tornar obsoleto em segundos.

Mídias sociais: você já "adicionou" esse conceito?

O mundo digital revolucionou a forma de comunicação. Vasto conhecimento sobre uma infinidade de áreas, segmentos, temas, discussões estão acessíveis a poucos clicks.

Você consegue imaginar a sua vida sem celular, internet, computadores e todo esse aparato tecnológico que a cada dia se torna mais integrado às necessidades do nosso dia a dia?

Já não é mais novidade constatar que a nova geração, antes mesmo de saber ler ou escrever, já se aventura na "rede". Falta muito pouco para que lápis, lapiseiras e esferográficas tornem-se objetos em desuso. Para que escrever se o negócio é teclar!

A primeira pesquisa sobre utilização das Tecnologias da Informação e da Comunicação por Crianças no Brasil (TIC Crianças), realizada em 2009 pelo Centro de Estudos sobre Tecnologias da Informação e da Comunicação, avaliou a posse e o uso das tecnologias entre crianças de cinco e nove anos em todo o território brasileiro. A principal conclusão é que 57% dos pequenos brasileiros têm acesso a PCs e 28% navegam na internet. 20% desse universo mencionaram ter aprendido a utilizar a tecnologia na escola. Em 2012, a pesquisa TIC Kids Online revelou que 47% dos brasileiros entre nove e dezesseis anos usam a internet todos os dias (ou quase todos os dias). Conforme o estudo, 42% acessam a web na escola, 40% em casa, 35% na lan house e 18% no celular.

Você sabe quem é o engenheiro de sistemas mais jovem do mundo? Marko Calasa, natural da Macedônia, nasceu em 2000 e aos nove anos já tinha quatro certificados da Microsoft, escreveu um livro sobre o Windows Seven, fala três idiomas e está aprendendo mais um.

A forma de comunicação vem influenciando usos e costumes da humanidade. A internet tem instruído mais que a escola formal! Hoje, o conhecimento está representado na forma de bits, bytes, kbytes, megabytes, terabytes e outros tantos de bytes - é tanta informação que a mente humana não consegue absorver tudo.

Apesar de alguns segmentos ainda considerá-las *time -wasters* (serviços para matar tempo e destruir a produtividade), as redes sociais - Twitter, Facebook, Blog, LinkedIn e outras ferramentas de interação disponíveis na rede -, estão mudando a vida de profissionais e empresas.

Nesse cenário, oportunidades para criação de novos segmentos profissionais ou um *boom* em determinados mercados já está acontecendo. Muitos dos "antigos" blogueiros e twitteiros tornaram-se assediados profissionais de mídias sociais, analistas de redes sociais, *social media*. Hoje, são muitos os termos utilizados para denominar esse novo profissional que cresce no mercado.

No mundo corporativo, as redes sociais são utilizadas para uma infinidade de iniciativas, inclusive como meio de promoção de serviços e produtos, de captação da opinião dos consumidores e de integração de ideias. As empresas que se deram conta da importância dessas ferramentas estão caminhando a passos largos à frente de quem tentou resistir a essa nova realidade. E os profissionais que fizeram desses meios suas ferramentas de trabalho também.

Em cada mídia social é possível descobrir perfis de profissionais e de organizações. No Twitter, por exemplo, dá para ver com quais assuntos o indivíduo está engajado e quais são seus interesses. O Facebook mostra como ele se relaciona com as pessoas por meio de textos, imagens e vídeos. No Blog pode-se aprofundar sobre diversos assuntos e saber qual a real opinião da pessoa.

A variedade de mídias sociais é imensa e é fácil se sentir perdido com tantas redes nascendo e morrendo mês a mês.

- Quem é você nas redes sociais?
- O seu comportamento no dia a dia é diferente no mundo virtual?
- O seu perfil pode ser atraente aos olhos de um caça talentos de uma multinacional?
- Você corre o risco de ser considerado o "sem noção" para o mundo corporativo?

Tudo bem! Talvez essas perguntas sejam complexas demais para você responder rapidamente e essa dificuldade não é exclusividade sua, mas não se acomode!

O mundo está ligado pelas redes sociais – uma teia de conexões que espalham informações e dão voz às pessoas. Segundo a Academia Americana de Pediatria, grande parte do desenvolvimento social e emocional da chamada geração Y de todas as tribos, condições sociais, raça e credo decorre do uso da internet. As redes sociais têm interferido nas decisões em todos os níveis e impactado o modo como as pessoas se relacionam. Diante disso se faz urgente ampliar o posicionamento responsável para lidar com essa ferramenta!

Muita gente, principalmente os jovens, se perde no que de fato cada rede social representa e muitas vezes, na busca pela aceitação ou até por carência, buscam a atenção dos outros de forma imatura, geralmente com ofensas e indiretas – campeã de postagens no Facebook. Para algumas pessoas, por rebeldia, maldade, baixa autoestima ou imaturidade, o uso das redes sociais acaba sendo um desastre.

Uma visão madura e consciente do que é relevante ou não para ser postado nas redes sociais ainda é a grande carência dos diversos públicos que utilizam esse meio de comunicação. Em 2012, por exemplo, um brasileiro teve a sua entrada negada na Austrália e foi deportado para o Brasil depois que as autoridades da imigração local analisaram sua conta no Twitter. Se você pensa em fazer algum intercâmbio, fique atento a esse detalhe!

As redes sociais têm mudado relacionamentos, carreiras, estilo de vida! Elas direcionaram o mundo para um novo nível de inovação e formas criativas de lidar com antigos padrões. Hoje, pode ser utilizada como fonte alternativa para a contratação de colaboradores em grandes organizações.

Até do espaço, em muito pouco tempo, será possível "twittar"! Cientistas japoneses estão desenvolvendo um robô humanoide para fazer companhia aos astronautas a bordo da Estação Espacial Internacional. Com 33 centímetros de altura, este humanoide foi desenvolvido para conhecer as expressões faciais do seu acompanhante e se comunicar com ele. Será também fotógrafo e poderá enviar mensagens para várias redes sociais.

Com essa realidade, quem pode falar sobre ascensão de carreira sem o conhecimento das ferramentas disponíveis no meio digital?

Por ser uma área relativamente nova, são raras as alternativas para formação específica. Mas é bom ficar atento, porque especialistas observam que há algum tempo, mais tem valido o perfil do profissional que a formação acadêmica. Para manter a carreira em ascensão é imprescindível entender a dinâmica do mundo virtual e das redes sociais.

O mercado de trabalho para os profissionais de mídia sociais está aquecido e especialistas garantem que permanecerá assim por muito tempo. Nessa área sempre há novidades e, mesmo que uma rede desapareça, outra ainda mais eficiente surge no lugar - as mídias sociais apontam para um caminho sem volta. A tendência é que todo e qualquer negócio ou carreira mais cedo ou mais tarde perceba as mídias sociais como questão de sobrevivência. Quem deseja sobreviver aos tempos de inovações tecnológicas deve se manter atento aos movimentos das redes sociais, às inovações tecnológicas, desenvolver visão analítica e, principalmente, entender a dinâmica desse meio.

"O Brasil é a menina dos olhos das grandes redes sociais". Essa foi a conclusão do Wall Street Journal ao analisar o crescimento e a participação do povo brasileiro em páginas como o Facebook, Twitter e o YouTube. No final de 2012, a empresa de métricas de redes sociais, Social Bakers, uma das principais fornecedoras de dados analíticos sobre eficácia da comunicação de marcas na rede social, divulgou que o Brasil é o segundo em número de usuários no Facebook, com 65 milhões de cadastrados. Na mesma colocação está o YouTube com a quantidade de número de visitantes e o Twitter é um dos cinco principais mercados de consumo na rede social brasileira.

As mídias sociais tornaram-se poderosas ferramentas para que se conheça melhor o público-alvo e se crie uma imagem positiva com o consumidor. Para quem busca o primeiro emprego esses sites ampliam o networking (rede de relacionamentos), e quanto maior a procura, maior a aderência das corporações nesse tipo de recrutamento. Além disso, esse movimento tem gerado o surgimento de diferentes áreas de emprego. Mas, apesar desta abrangência de possibilidades, muita gente ainda não enxerga as redes como um canal que pode promover ou trazer prejuízos para a vida pessoal, social e profissional.

Dá para você pensar em ascensão de carreira sem aderir às ferramentas do mundo virtual?

Você seria contratado para o cargo que ocupa hoje?

Talvez você esteja questionando a utilidade dessa pergunta como título de um capítulo. Afinal, se estamos falando sobre como manter uma carreira em ascensão, que sentido há em imaginar se você seria contratado para o mesmo cargo que ocupa hoje? "Para ficar no mesmo lugar eu não preciso crescer", certo? Errado. A inovação deixou de ser restrita a laboratórios tecnológicos. Ela pode surgir em qualquer lugar, inclusive no cargo que você ocupa hoje.

Você já parou para pensar que os métodos funcionais comuns à sua rotina de trabalho podem ser obsoletos para o mundo?

Avaliar essa questão pode gerar certa insegurança, mas é bem melhor que você esteja atento. Até para continuar no mesmo cargo é preciso evoluir, inovar, reinventar.

Se os mercados geram novas demandas a cada dia, a tecnologia evolui e a sua empresa é obrigada a renovar-se, por que o seu cargo permaneceria igual?

Qualquer que seja o setor da economia, manter-se à frente das necessidades da sua empresa ou negócio deve ser uma preocupação constante. Com o advento das mídias sociais, as formas de abordagens e relacionamentos têm mudado cada vez mais rapidamente. São inúmeras as possibilidades de atuação de uma empresa na rede: Serviço de Atendimento ao Cliente (SAC), estabelecer relacionamento com seus públicos, gerar negócios/vendas, lançamento de produtos, ideias e conceitos, vendas, fortalecimento de marcas, apoio a campanhas publicitárias ou políticas.

Você prefere aguardar os acontecimentos ou decide agora acrescentar à sua carreira, atributos que garantam uma postura coerente em momentos de crise?

Uma ação na rede social pode ter uma infinidade de desdobramentos e a sua expertise pode ser colocada à prova. No início de 2011, a queixa de um consumidor mostrou o poder das redes sociais. Insatisfeito com o funcionamento de um produto, após meses de espera e diversas tentativas de ter o seu problema solucionado, ele recorreu ao mundo virtual para expor a sua indignação. A repercussão do caso mostrou que esses novos canais de comunicação já são capazes de proteger mais os direitos dos consumidores do que o próprio Código de Defesa do Consumidor e o PROCON, e ainda mais eficientes do que qualquer Serviço de Atendimento ao Cliente (SAC).

Com um filme curto, recursos caseiros e um pedido sincero de ajuda, o consumidor postou seu apelo no YouTube. Na época ele tinha uma conta no Twitter com dezesseis seguidores. A repercussão foi tão expressiva que esse número saltou para três mil de uma hora para outra. A queixa chegou a figurar entre os assuntos mais comentados na rede. Em pouquíssimos dias, o número de acessos ao vídeo ultrapassava 200 mil.

Com essa iniciativa, além de trocar sua geladeira por uma nova, o consumidor negociou uma indenização pelo constrangimento e por danos morais. E reforçou o poder das redes sociais. A empresa, por sua vez, tratou o caso com urgência, evidenciando que já estava preparada para administrar crises de imagem na web.

O posicionamento tanto de um lado quanto do outro serve de inspiração para consumidores e organizações. E você faz parte disso!

Se hoje a empresa em que você trabalha se visse às voltas com uma situação semelhante, de que forma você poderia contribuir para solucionar a questão?

No mundo atual é necessário manter-se atento às tendências. Se continuar fazendo o seu trabalho do mesmo jeitinho que há anos foi orientado, pode ser que muito em breve você seja substituído como um computador que ficou defasado.

Muita gente pensa que só perderá o emprego se "pisar na bola", quando na verdade precisa ser cada vez mais habilidoso, competente e criativo para continuar no jogo. Para quem está consciente da importância de ser melhor a cada dia, mesmo que seja para ocupar o mesmo lugar, a ascensão na carreira vem por consequência. Acorde para a realidade antes que ela seja transformada em um pesadelo na sua carreira. Proponho que você faça um rápido exercício para avaliar qual é a sua visão do mercado em que está inserido. Pense sobre as questões abaixo e responda para si mesmo:

- Houve mudança nos requisitos profissionais que sua empresa exige para contratar alguém para um cargo como o seu hoje?
- Você tem olhado as páginas de classificados de empregos dos jornais e da internet para saber o que as empresas estão procurando?
- em ideia do que os seus colegas de setor estão fazendo, lendo, aprendendo e desenvolvendo?

Seu perfil é de empreendedor, empresário ou subalterno crítico?

Uma amiga vivia reclamando do chefe. Dizia que ele não sabia liderar, não tinha conhecimento técnico suficiente para exercer a função, era lento para tomar decisões, só estava no cargo, porque era protegido pelo diretor e por aí vai. Um dia, ele precisou sair de licença médica e a escalou para ocupar o seu lugar por 45 dias. Quando voltamos a nos falar – e a essa altura o chefe já havia voltado ao trabalho -, perguntei a ela como havia sido a experiência. Ela então me disse: "Nem me fale! Trabalhei feito uma louca, foi um estresse. Não é que eu morra de amores pelo meu chefe, mas não via a hora de ele retornar!".

Nada como se colocar no lugar do outro para saber o que ele pensa. Criticar o desempenho do chefe e apontar suas mancadas é fácil, qualquer um pode fazer. Difícil é reconhecer o que ele tem para estar lá. Mais complicado ainda é desenvolver as mesmas competências e habilidades dele. Suponha que seu chefe saísse amanhã por licença médica e você foi eleito para ocupar o lugar dele.

- Você está preparado para ocupar o lugar dele?
- Saberia como lidar com as pressões do cargo e com as cobranças dos superiores por resultados?
- Como faria para manter sua equipe de trabalho motivada?
- Estaria à altura das responsabilidades da função? Que competências teria de possuir para dar conta do recado?

Temos aqui um medidor de intenções e potencial. Ante essa situação, é possível perceber quem está e deseja ficar na posição de subalterno.

Imaginar-se no lugar do chefe é um bom exercício para desenvolver-se na carreira. E se quiser realmente descobrir o que precisa para ocupar um cargo do mesmo nível, comece a olhar com outros olhos para os seus superiores. Observe as qualidades e os pontos fortes que eles têm. Tente perceber os desafios que enfrentam e as responsabilidades que possuem. Saiba onde "o bicho pega" e procure desenvolver os atributos necessários para exercer a função.

Mas, você também poder ir muito além!

Certa vez li em uma revista de negócios uma declaração bastante peculiar. O presidente da quarta maior rede de materiais para construção do Brasil "traduziu" com uma frase simples uma realidade condizente com o perfil do profissional moderno: "na minha empresa todo mundo é vendedor, do presidente à faxineira".

O destaque que a rede vem conquistando prova que a aplicação desse conceito tem sido bem absorvida por todos os colaboradores. Mais que isso: dá margem para pontuar a diferença entre um mero funcionário (com comportamento e atitude semelhantes aos da minha amiga), ser empresário ou empreendedor.

Muito se ouve falar sobre perfil empreendedor e empreendedorismo. E a tendência é que esse termo seja cada vez mais difundido, afinal, entende-se por empreendedor aquele que tem visão positiva do futuro, coragem para correr riscos calculados, capacidade de analisar contextos e identificar oportunidades, proatividade, persistência, criatividade, disposição de aprender com as situações adversas, dedicação, realismo, discernimento, capacidade de avaliar a si mesmo e aos outros, assertividade, paixão, compromisso com a qualidade, disposição para inovar, liderança e foco. Atitudes bem distantes daqueles que só encontram argumentos que desvalorizam.

O embaraço acontece quando se dá o mesmo significado aos termos empresário e empreendedorismo a mesma conotação. Trocando em miúdos, todo empresário é um empreendedor, mas nem todo empreendedor é um empresário. A declaração do empresário da rede de construção deixa clara uma tendência mundial. Todo colaborador, para ter condições de concorrer no acirrado mercado corporativo, deve ser um empreendedor, independentemente da função exercida, seja como empregado ou empregador. A ideia de que somente o empresário é empreendedor já não condiz com a realidade e exigências atuais.

Independente do nível hierárquico, qualquer colaborador de uma empresa pode empreender projetos, programas, missão ou processo, em qualquer área ou departamento. E, ainda, ser um profissional realizado. Ter uma carreira promissora está ligado ao comprometimento pessoal mais que a posição ocupacional.

O profissional comprometido dedica-se à realização de seu sonho, é empenhado na concretização de seus projetos (pessoais e profissionais), mesmo que sejam necessários sacrifícios ou esforços extraordinários em determinadas circunstâncias.

- Baseado nesse panorama, você é um profissional comprometido?
- Entre os perfis empreendedor, empresário ou subalterno crítico, em qual deles você se encaixa?

O que faria se ganhasse na loteria?

Certa vez, durante uma palestra, perguntei à plateia quem ainda estaria naquele evento se tivesse recebido milhões em dinheiro em um sorteio da loteria na semana anterior. As respostas foram, no mínimo, curiosas. "Faria plástica no corpo inteiro e trocaria de marido", me disse uma. "Pediria demissão e sairia correndo da empresa que trabalho", desabafou outro. "Colocaria o dinheiro numa aplicação e nunca mais precisaria trabalhar", respondeu outro.

Eu tive vontade de chorar! Como as pessoas andam insatisfeitas com a vida! Em dezenas de vezes que fiz essa pergunta, posso contar nos dedos as que continuariam no mesmo trabalho por estar completamente identificadas com o que fazem. Essas sim, eu diria, têm uma carreira, pois demonstram ter um objetivo que as motiva e preenche sua vida de significado.

Para uma pessoa que faz carreira para tornar-se um grande médico, por exemplo, o prêmio da loteria poderia ser usado para fazer todos os cursos e especializações que ela desejasse, daria condições para montar um consultório bem equipado ou, quem sabe até, um hospital. Para um administrador de empresas que faz carreira para tornar-se empresário, o dinheiro permitiria a abertura de seu tão sonhado negócio. Enfim, para quem tem realmente uma carreira, ganhar na loteria seria apenas um meio para realizar seu objetivo mais depressa.

Se você tirasse o bilhete premiado, aceleraria seus planos profissionais ou daria graças a Deus por ter condições de largar tudo?

Caso tenha ficado com a segunda opção, eu o aconselho a não esperar pela sorte grande e refletir, agora mesmo, sobre o que vem fazendo com sua vida.

Você não tem uma carreira, mas um trabalho que mantém sua sobrevivência com um salário no final do mês. Você não tem um objetivo profissional que o apaixona e impulsiona sua evolução, mas pode ter.

Vai continuar esperando ganhar na loteria ou pensará em uma carreira de verdade agora?

Segundo Nietzsche, influente filósofo alemão do século XIX, "quem tem uma razão para viver é capaz de suportar qualquer coisa". Quando uma pessoa tem paixão pelo que faz e expressa os seus talentos, não importa a quantidade de dinheiro que tenha, ela mantém o foco em seus objetivos. Isso não significa que não tenha de enfrentar dificuldades e superar obstáculos, mas quando finalmente atinge seus objetivos, é premiado com imensurável satisfação interior que compensa todos os sacrifícios que tenha passado e isso não tem preço. Por outro lado, quem considera a sua atividade profissional apenas um meio de sobrevivência - enfadonho, desagradável, monótono – não pode, naturalmente, gostar do que faz.

Hoje já não há espaço para pensar de forma segmentada, ou seja, em casa sou de uma forma e no trabalho de outra ou com dinheiro faço de um jeito e sem ele é totalmente diferente. Vida pessoal, profissional, social e familiar traduz o perfil do seu estilo de vida! Ser feliz é um aspecto relevante no mundo corporativo.

Um levantamento feito por pesquisadores norte-americanos aponta que cerca de 60% das pessoas com emprego regular tem interesses diferentes dos interesses das empresas em que trabalhavam. Outros dados revelam que os problemas gerenciais, em sua grande maioria, estão relacionados com a falta de motivação e não com a competência.

Isso significa que muita gente não identifica seus verdadeiros talentos e assumem posturas, cargos e propósitos que não são seus.

Somos fruto do que pensamos, do que sabemos, do que sentimos e do que fazemos. Hoje, além de estarem conscientes desse fato, as organizações reconhecem a importância da contribuição de pessoas que integram harmoniosamente o pensar, o saber, o sentir e o agir. Embora continuem valorizando os conhecimentos técnicos e teóricos de um especialista, elas buscam profissionais que agreguem outras características ainda mais valorizadas, como criatividade, flexibilidade, prazer, generosidade e afetividade, além de ter estilo de vida compatível com seus valores.

Posturas do tipo: "no trabalho sou uma pessoa bem diferente do que sou em casa", ou "não levo problemas do trabalho para casa nem da casa para o trabalho", antes até ditadas por profissionais em cargos de chefia, que preconizavam e se gabavam de não misturar vida pessoal com vida profissional, não fazem mais sentido. Não somos dotados da capacidade de ativar algumas qualidades em determinada parte do dia e não em outras. Ninguém é criativo apenas no trabalho, assim como ninguém é habilidoso apenas em casa. Devemos ser criativos e habilidosos na vida!

O profissional que faz o que gosta, coloca em prática os seus talentos e tem prazer em desenvolver seu trabalho, mantendo-se fiel aos princípios éticos de respeito aos seres humanos e à natureza. Ele sabe equilibrar suas responsabilidades na empresa com a importância do seu bem-estar pessoal – passa tempo com a família, encontra os amigos, viaja e/ou pratica esportes. Pesquisadores do mundo do trabalho acreditam que paixão e felicidade não estão associadas apenas à intensa experiência amorosa entre seres humanos e enfatizam a importância desses "estímulos" para todos os aspectos da vida.

Eles garantem que esse sentimento constitui um fator determinante para o sucesso pessoal e também profissional.

Cada vez mais, as organizações estão buscando profissionais que se destacam por suas qualidades humanas e pela aptidão de aumentar seus recursos e suas potencialidades de forma contínua e integrada. Encontro muitos profissionais que confirmam esse posicionamento. Ao mesmo tempo, também vejo as empresas preocupadas com o bem-estar físico mental e emocional dos seus colaboradores, em uma nova ordem de "recursos humanos" em que o colaborador não é mais visto como pessoa dividida entre profissão e vida particular.

As empresas modernas valorizam as pessoas harmoniosas e equilibradas, capazes de aliar à competência, à habilidade e à eficiência no trabalho também a alegria e a afetividade com que marcam sua vida, e, igualmente, levam para a vida pessoal o respeito e o empenho que dedicam ao trabalho – nesse cenário não cabe mais uma pessoa compartimentada e sim integrada em qualquer circunstância. A tendência mundial é unir trabalho e satisfação. É comprovada que a produtividade aumenta em proporção direta à satisfação das pessoas envolvidas, uma condição que só traz benefícios: lucro, reconhecimento, realização, tranquilidade, alegria e bem-estar. E, tudo isso, pode acontecer independentemente do saldo bancário.

Fui dispensado, e agora?

Vamos analisar possibilidades considerando os extremos. Digamos que, ao invés de ganhar repentinamente grandes quantias em dinheiro, ao chegar ao seu local de trabalho, você é comunicado que a empresa não precisa mais dos seus serviços!

Você está preparado para enfrentar uma demissão hoje? Onde procuraria emprego? Teria condições de iniciar o seu próprio negócio? Qual?

Este é um questionamento que, normalmente, um profissional só faz a si mesmo quando passa por uma situação de desemprego. O que é uma pena, porque essas são perguntas que as pessoas deveriam fazer todos os dias e, com a ajuda delas, definir sua estratégia de carreira.

Conheci um engenheiro que trabalhava há onze anos em uma montadora de automóveis, onde entrou como *trainee* e fez carreira até tornar-se supervisor de projetos. Em uma dessas crises de mercado, foi dispensado. Seu primeiro impulso foi procurar emprego em outras montadoras, para um cargo similar ao que ele tinha, mas o setor estava em retração e o emprego não apareceu. "Minha carreira acabou", dizia ele na época, totalmente sem esperanças, nem ideia do que fazer da vida.

Ele só conseguiu recolocar-se no mercado quando, a duras penas, mudou a visão que tinha de si mesmo. Enquanto trabalhava na montadora, ele era "Fulano, supervisor de projetos automotivos da empresa tal". Despedido, sua identidade se reduziu a "Fulano, supervisor de projetos automotivos". Como não conseguia arrumar emprego em montadoras, ficou só "Fulano, supervisor de projetos".

Em um dado momento, percebeu que não tinha uma identidade profissional própria, que independesse do cargo ou do tipo de empresa que trabalhava.

A partir desse entendimento, ele passou a se identificar como "Fulano, engenheiro que lidera pessoas na realização de projetos que geram excelentes resultados". Sabe onde trabalha hoje? Na gerência de um setor bancário. Mudou de carreira? Não. Na verdade, o que mudou foi o enfoque da carreira que antes se baseava no cargo que ele ocupava e, agora, baseia-se em quem ele é, nas habilidades e no diferencial que possui. Nessa trajetória que está construindo, nada o impede que seja diretor do banco, mude para uma construtora ou, ainda, trabalhe como consultor. Ele está seguro e confiante com relação ao futuro, pois sabe que no escopo de sua carreira cabem múltiplas possibilidades.

A palavra de ordem que rege o mundo corporativo é mudança. – "e, nada muda se você não mudar"! Com isso, saber se reciclar tornou-se uma necessidade. Diplomas e títulos acadêmicos já não são relevantes como diferencial. Um bom profissional não é feito da grife chamada "diploma de primeira linha", mas sim de suas competências. Como já enfatizamos antes, o mercado profissional precisa de muito mais do que apenas profissionais formados e sim de pessoas capazes de explorar simultaneamente suas competências - a formação acadêmica é apenas uma delas.

Percebe como é importante desenvolver um perfil empreendedor e a visão de carreira sustentável?

Pesquisas apontam que existe uma expectativa geral de aumento da participação das atividades empreendedoras no mercado profissional, em que há uma projeção de aumento da Taxa de Atividade Empreendedora (TAE) no país, que poderá chegar a 17% da população economicamente ativa até 2020 – contra uma média de 12,8% observada entre 2001 e 2007.

As relações de trabalho sofrerão alterações significativas, justificando o aumento da TAE. Haverá uma diminuição dos postos de trabalho formais e um número maior de profissionais terá de criar seu próprio emprego. Novas formas de venda das habilidades individuais surgirão e estarão cada vez mais direcionadas à autonomia profissional.

De acordo com especialistas, a ênfase crescente na inovação, a busca por qualidade de vida e a preocupação com o meio ambiente estarão entre os fatores mais relevantes no delineamento das carreiras mais promissoras e isso tem acontecido em todos os níveis e segmentos.

Em julho de 2009 entrou em vigor uma lei que dá condições especiais para que o trabalhador conhecido como informal torne-se um empreendedor legalizado. Trata-se do Empreendedor Individual que integra a Lei Geral da Micro e Pequena Empresa. Uma estratégia que favorece profissionais que trabalham por conta própria e agora podem ter situação legalizada como pequeno empresário. Para ser um empreendedor individual, é necessário faturar no máximo até R$ 60 mil por ano, não ter participação em outra empresa como sócio ou titular e ter um empregado contratado que receba o salário mínimo ou o piso da categoria.

Recentemente, uma pesquisa do Serviço Brasileiro de Apoio às Micro e Pequenas Empresas (SEBRAE) revelou que o número de empreendedores individuais cresceu 84% no país, o que representa 2,5 milhões de pessoas que saíram da informalidade. A expectativa é de que sejam quatro milhões até 2014. O número de Empreendedores Individuais deve chegar a quatro milhões em julho de 2014 e próximo de oito milhões em 2022.

Existe mercado e espaço para todo tipo de atividade profissional. A diferença está no reconhecimento das próprias habilidades e na disposição de colocá-las a serviço do próprio crescimento.

- Você tem buscado conhecer sobre as tendências e possibilidades da sua área profissional?
- Qual é a sua identidade profissional?
- De que forma você pode utilizar as suas habilidades fora do ambiente que conhece hoje?

O engenheiro que citei para ilustrar este capítulo precisou se perder para se encontrar.

Você também precisa chegar ao extremo ou vai começar a fazer as perguntas importantes e necessárias hoje mesmo?

A sua trajetória profissional inspira confiança?

Vivemos em um mundo competitivo, repleto de tensões, no qual tudo muda rapidamente e ninguém pode garantir com 100% de certeza o que nos reserva o futuro. Nesse contexto, a maioria das pessoas considera impossível confiar uma nas outras, no amanhã, no mercado, na empresa, nos projetos, nas mudanças e, muitas vezes, até em si mesmo.

Visando a proteção de sua carreira ou cargo na empresa, tem muito profissional em estado permanente de alerta e adotando atitudes defensivas para não ser prejudicado nem passado para trás - retraindo-se ante qualquer ameaça à estabilidade ou segurança. A desconfiança tem servido como proteção dos perigos do mundo exterior.

A questão é: enquanto a desconfiança nos aconselha a ficar nos limites do conhecido, a evitar riscos e a nos fechar para os outros, o mundo contemporâneo – especialmente no que diz respeito à carreira profissional – requer abertura para o desconhecido, coragem para arriscar e integração com as pessoas. A confiança é fator decisivo no desempenho de profissionais e organizações no mundo globalizado. O perfil de profissional que as empresas desejam contratar inclui iniciativa, flexibilidade, bom relacionamento e capacidade empreendedora.

Do seu ponto de vista, essas características são de pessoas confiantes ou desconfiadas?

Falta de confiança compromete o sucesso de qualquer profissional ou empresa. Ela retrai e isola as pessoas, impedindo que experimentem novas possibilidades, que sugiram ideias, que haja expansão profissional e a ascensão de carreira.

Quando comecei a tratar de forma mais específica o tema confiança, muita gente ficou surpresa, acreditando que esse era um tema sério, complexo e polêmico demais para ser discutido por uma profissional reconhecida como irreverente e expert em automotivação, felicidade e sucesso. A grande dificuldade para algumas pessoas é entender que o alicerce para os temas que eu trabalho é justamente a confiança.

Afinal, quais são os atributos que nos remetem a uma pessoa automotivada, feliz e bem-sucedida?

Autoconhecimento, o reconhecimento de seus próprios talentos e a utilização deles para realizar seus sonhos e cumprir o seu propósito de vida são apenas alguns deles. Isso seria possível se ela não confiasse em si mesma?

Confiança tornou-se fator decisivo em todo e qualquer segmento profissional. Voltado para o mundo corporativo, um notável pensador de ciências políticas e econômicas afirma que esse atributo é um componente do capital social que chega a ser mais importante que o capital financeiro da empresa.

Esse aspecto começa a despontar de forma relevante no mundo corporativo, traduzindo-se como fator decisivo para que uma organização ou profissional tenha vantagens competitivas. No livro "Confiança: a chave para o sucesso pessoal e empresarial", que escrevi a quatro mãos com o professor e renomado consultor empresarial espanhol, José María Gasalla, criador do modelo de Gestão por Confiança (GpC), é apontado que a confiança é reconhecida como um fenômeno emocional que predispõe as pessoas a se integrar e se abrir para trocas, o que fomenta a cooperação e a transferência do saber.

Dirigida a partir do GpC, a empresa encoraja seus colaboradores a dizerem o que pensam e a experimentar sem medo de ser punidas, o que favorece a inovação. Esse modelo de gestão derruba barreiras defensivas e colabora com o fluir da organização. Ela pode ser a chave para navegar por meio da complexidade e incerteza dos novos cenários organizacionais.

Segundo Prof. Gasalla, o modelo de GpC (Gestão por Confiança) se estabelece como alicerce para as modernas práticas de gestão. Sua teoria é que, antes de avançar com modelos complexos, temos de dar um passo atrás e assegurar as condições básicas para que eles funcionem. Ponto de partida para a construção da confiança nas organizações, a GpC é sustentada por variáveis individuais ou organizacionais.

Partindo da necessidade do mundo corporativo de desencadear o pleno funcionamento das organizações, cada profissional também deve ficar atento às variáveis individuais que são acolhidas como óleo lubrificante de grandes engrenagens.

A GpC funciona como um modelo de gestão por competências, no qual a confiança aparece como uma metacompetência, pontuada a partir das sete competências, que compreendem os comportamentos cada vez mais requisitados no mundo corporativo:

1. Competência profissional - A capacidade que a pessoa tem de desempenhar uma atividade de maneira apropriada, obtendo os resultados esperados. Essa é a única variável individual técnica da GpC, já que todas as outras são comportamentais e/ou psicológicas. Cursos complementares e de reciclagem são importantes, mas esses quesitos não bastam para inspirar confiança.

2. Clareza - Para criar confiança é necessário ser verdadeiro. Mentir ou omitir a verdade para não expor falhas, erros ou fraquezas está fora de cogitação. A falta de clareza também está ligada à ocultação de informações, pois reter a informação é uma forma de exercer o poder.

3. Consistência – É uma competência baseada em valores e na estabilidade de opinião ou comportamento ao longo do tempo. A característica da pessoa cujas atitudes estão alinhadas com um histórico de condutas passadas e opõe-se à imprevisibilidade, um sério empecilho à confiança. Pessoas consistentes não se deixam levar tão facilmente por modas ou conveniências temporais e discernem claramente o que é importante do que é supérfluo.

4. Cumprimento da palavra dada – Melhor ser reconhecido como alguém que promete pouco, mesmo que não faça muito, do que ser reconhecido como alguém que promete muito e faz pouco. Como uma organização pode confiar em um colaborador que não cumpre o que promete?

5. Coerência – Um atributo crítico para a criação da confiança. A concordância entre o que a pessoa diz que as outras têm de fazer e o que ela mesma faz – velho ditado "faça o que eu digo, mas não faça o que eu faço" foca atitude abolida por profissionais que estão ávidos por alinhar sua carreira ao novo panorama organizacional. Como confiar em alguém que fala uma coisa e faz outra?

6. Consciência – O profissional consciente respeita o outro por sua individualidade – tem a consciência do outro como legítimo outro. Avalia as consequências dos próprios atos e responsabiliza-se por eles. Como confiar em alguém que não tem consciência de si mesmo, dos outros e de todos?

7. Coragem – Trata-se de uma competência de extrema relevância nos diversos níveis de relacionamentos, inclusive no mundo corporativo, pois aponta a condição do profissional ser ele mesmo (com talentos, habilidades e pontos fracos) e manter-se atento e comprometido com suas próprias atitudes, valores e compromissos em todas as circunstâncias.

A implantação desses comportamentos deve ser prática comum no posicionamento do profissional que deseja manter sua carreira em níveis de ascensão. As sete competências somadas à autoconfiança conduzem ao comprometimento e caracterizam de uma maneira bastante abrangente a conduta de uma pessoa confiável. E, a confiança é a resposta para enfrentar de forma mais efetiva os novos cenários que colocam uma carreira em níveis de ascensão.

De uma forma mais objetiva, o modelo Gestão por Confiança pode ser representado da seguinte forma:

GpC = A+7Cs
GpC = Gestão por Confiança
A = autoconfiança
7 Cs = Competência profissional
Clareza
Consistência
Cumprimento da palavra
Coerência
Consciência
Coragem

Confiar é o oposto daquilo que o senso comum nos aconselha a fazer - é o nadar contra a corrente. E, por incrível que pareça, é justamente nadando contra a corrente que podemos chegar mais rápido e com menos esforço aos nossos objetivos. Em um mundo onde reina a desconfiança, quem confia se diferencia!

Já não há espaço para o "jeitinho"! Cada habilidade destacada como um diferencial, certamente será testada. Dizer que é o que não é e que fez o que nem imagina por onde começar, não corresponde ao que se espera de um profissional. Quando sente que é merecedor de confiança, que as pessoas confiam em você, isso aumenta o grau de comprometimento com elas.

É evidente o desejo das organizações de resgatar a ética, valor humano de inquestionável importância, tão complexo que tem sido tema de reflexão e de estudos de filósofos e pensadores. Hoje, a postura ética se manifesta nas relações transparentes e honestas, na assertividade, na responsabilidade social, na solidariedade e no respeito ao próximo.

Tem sido creditado à ética o sucesso de algumas empresas. Essa é uma exigência clara do mercado de trabalho e expande-se, cada vez mais, o conceito (e, em consequência, a prática) de que não há caminho certo para fazer uma coisa errada. Sem ética não há negociação, trabalho, respeito, nem reconhecimento!

A ética está intimamente relacionada à assertividade, uma das mais valorizadas atitudes humanas. Aqui vale um parêntese para que se entenda o que é ser assertivo. Na prática, é dizer sim quando a resposta é sim e não quando a resposta é não, sem rodeios ou meio termos. Ser assertivo significa ser ético, honesto, respeitoso e adequado na hora de expor sentimentos, pensamentos, crenças e desejos. É exatamente o meio termo entre passividade e agressividade – o ponto de equilíbrio perfeito. Vamos entender melhor:

- **Passividade** – Comportamento típico de pessoas que geralmente tem baixa autoestima e pouca autoconfiança; preferem calar em vez de expor o que pensam, dizem sim a tudo e a todos, raramente defendem seus direitos e mantêm a postura encurvada, retraída, tensa, com os olhos quase sempre baixos.
- **Agressividade** – É a característica dominante de pessoas que desperdiçam energia com reações agressivas, às vezes violentas, criando atritos e bloqueando a comunicação interpessoal. Mas elas não estão nem aí para isso, porque o que interessa é defender suas ideias e vontades (pertinentes ou não) a qualquer preço.
- **Assertividade** – Atitude de pessoas autoconfiantes. Elas deixam claro quem são, o que pensam, o que querem e como querem. Não dão respostas evasivas, sabem dizer e ouvir um não e defendem seus direitos tranquilamente, mas com firmeza e, principalmente, com delicadeza – grosseria, com elas, não tem vez. Um assertivo confere a conta em um restaurante e solicita sua correção quando for o caso; não se acanha em pedir para alguém falar mais baixo no cinema; diz claramente ao seu chefe que deseja saber por que não conseguiu a tão esperada promoção; faz valer seu direito como consumidor e solicita a troca de mercadoria avariada ou fora de validade; fala abertamente com um amigo o que o tem desagradado – enfim, não esconde o jogo!

Enquanto a passividade e a agressividade são inadequadas à convivência social – a primeira não nos leva a lugar algum e a segunda acaba por nos excluir -, a assertividade facilita as relações humanas, tornando-as mais transparentes. Deve ser compreendida como uma atitude ética e de respeito, para a qual precisamos nos preparar interiormente revendo e mudando nossos valores. Sua importância pode ser sentida principalmente nas nações desenvolvidas – nos Estados Unidos, Canadá, por exemplo, existem cursos específicos de assertividade!

Em 2012 lancei o livro Autocoaching da assertividade com a proposta de trazer à luz aspectos da personalidade de cada indivíduo que talvez ainda não tenham sido descobertos ou estejam adormecidos e alinhá-los a um novo padrão de comportamento, onde o respeito por si mesmo e pelos outros seja realçado e gere resultados sustentáveis em todos os âmbitos da vida.

Na carreira, a assertividade é um atributo imprescindível! Saber dizer sim ou não, no momento certo, faz muita diferença no mundo corporativo. Quando você é assertivo, estimula o outro para que também seja e, assim, torna-se muito mais fácil todos os tipos de relacionamentos e, fortalece o caminho para a confiança. É provável que você esteja se perguntando:

De que forma posso mensurar se a minha trajetória profissional inspira confiança?

A essa resposta é imprescindível que você seja honesto o suficiente para reconhecer onde e de que maneira deixou de dar o melhor de si. Confiança é uma via de mão dupla - se você inspira confiança, a empresa corresponderá com confiança e o comprometimento é real e visível.

E então? Já dá para começar uma avaliação? A sua trajetória profissional inspira confiança?

Você é analógico ou digital?

Há vinte anos, para aprender oficialmente, tínhamos que ir a uma escola. Hoje isso já deixou de ser regra e existe uma infinidade de bons cursos a distância. Nas salas de aula de universidades e MBAs do mundo inteiro, fichários, cadernos e blocos de anotações vêm sendo substituídos por notebooks, netbooks, tablets, smartphones e até cadernos e blocos de notas digitais – de equipamentos acessíveis a alternativas bem estilosas, há um mundo de produtos fascinantes no mercado.

Quadro negro vem perdendo espaço para lousas eletrônicas e apostilas impressas estão com dias contados. A tecnologia da informação está de tal forma difundida que já nem se exige "domínio de ferramentas de informática" no currículo. Saber utilizá-las é obrigação de todo profissional, tal como saber ler e escrever. Computador virou instrumento indispensável em qualquer negócio ou serviço - portaria de prédio, balcão de farmácia, caixa de padaria, recepção de academia, consultório médico, chão de fábrica, salas de espera, salão de beleza... Já não é novidade encontrar estabelecimentos que disponibilizam o sistema Wi-Fi (tecnologia de internet sem fio) aos usuários da rede que não podem "perder tempo" em uma sala de espera - é crescente o número de estações de trabalho móveis que permitem ao profissional trabalhar "de qualquer lugar".

Estamos diante de um novo século, com uma nova sociedade, com novo formato de receber e transmitir informação, e de uma busca interminável de conhecimento. O mundo mudou e a mobilidade vem transformando cada vez mais a vida das pessoas.

No início de 2011, estive em Madri e me deparei com um novo conceito de serviço em um restaurante: Eatperience

– Tech Eating. Essa foi uma experiência colorida, inovadora, degustativa, divertida, interativa e genial! O serviço é oferecido de uma forma inovadora e diferenciada. A mesa é como uma grande tela com tecnologia touch screen. Para escolher o prato, o cliente clica na opção desejada e a imagem surge à sua frente com todas as guarnições e detalhes apresentados em diversos ângulos. É tudo tão real que dá a impressão de sentir até o cheiro. A pessoa pode percorrer todo o cardápio antes de definir o prato. Entrar nesse restaurante é uma diversão - as pessoas ficam enlouquecidas!

A tecnologia tem chegado de forma inusitada e em lugares onde a imaginação de muita gente ainda nem alcança. Já existem, inclusive, rentáveis negócios para "lixo eletrônico". Uma rede americana de eletrônicos adquire produtos usados, mas ainda em bom estado, paga com vales-presente e revende os produtos em leilões on-line. É a integração de canais permitindo a criação de novos modelos de negócio – e de quebra dando uma força para o planeta.

Você está em que nível de conhecimento das tecnologias disponíveis atualmente?

Quando pergunto se você é analógico ou digital, não quero saber se domina ou não o computador como ferramenta de trabalho. Em pleno começo de terceiro milênio é absurdo fazer essa pergunta. O que eu quero saber, sim, é o quanto tem usado a tecnologia em favor do crescimento na sua carreira.

Qual é a hora certa de fazer um *upgrade* em seu computador?

"Quando ele fica lento", responde muita gente; "Quando preciso de mais recursos", comentam outros; "Quando desejo atualizar seus componentes e programas", afirma um terceiro grupo. Seja qual for o motivo, ninguém que realmente precisa de um computador funcionando a pleno vapor adia esse procedimento, nem vacila na hora de trocá-lo definitivamente quando acha que já fez tudo o que poderia para melhorá-lo ou atualizá-lo. Mas, em geral, não faz a mesma coisa quando o assunto é carreira profissional.

Uma conhecida conta que, em dois anos, fez três *upgrades* em seu equipamento e, em seguida, decidiu comprar um novo modelo. E justifica-se: "preciso do melhor para trabalhar bem". Concordo com ela, mas o que ela não conta (na verdade, o que ela não sabe!) é que de atualizado e veloz só existe o equipamento. Ela continua desenvolvendo suas atividades do mesmo jeito que fazia há muitos anos e nem percebe que as habilidades que correspondiam às necessidades do mercado antes, já não atraem da mesma forma.

Assim como essa conhecida, muitos profissionais sabem avaliar detalhadamente o seu equipamento, mas não fazem ideia da necessidade de fazer a mesma coisa com a sua carreira. Afirmações como: "eu confio no meu taco" apontam, apenas, a falta de visão para tornar-se um profissional competitivo. Foi-se o tempo que essa "confiança" era condição para manter um profissional ou a competitividade em um mercado.

Imaginar que o mercado, as pessoas e suas habilidades são imutáveis é um sério risco.

Conheço muita gente que investe em equipamentos de alta tecnologia, programas com recursos complexos, mantém uma estação de trabalho deslumbrante, mas esquece de cuidar, reciclar e atualizar seus conhecimentos e suas habilidades.

É grande o número de profissionais que ainda sentem dificuldade em se avaliar e determinar o que está bom, o que precisa ser reciclado e até mesmo, o que deve ser eliminado em suas atitudes. Alguns temem crítica e mudanças de tal forma que perdem a ação e se acomodam, confiando no próprio taco. Com isso, deixam de perceber que o taco envelhece, racha, lasca, quebra. E taco que não cumpre seu objetivo é jogado no lixo, é descartado e a mesma coisa acontece com um profissional obsoleto.

Você está ligado ao que acontece diante de seus olhos, na tela do computador?

Antes de responder sim ou não sem refletir sobre a sua real condição, veja as próximas perguntas e responda a cada uma com honestidade.

- O seu *upgrade* está em dia ou ainda vem utilizando as velhas normas e procedimentos desenvolvidos há anos?
- Qual foi a última vez que você investiu em algum tipo de treinamento ou curso?
- Entre as suas papeladas, o que é mais novo: o certificado de participação em um seminário ou a nota fiscal de um equipamento última geração?
- Quanto das tecnologias que você conhece ou já ouviu falar está incorporadas ao seu dia a dia?
- Você conseguiu tirar alguma conclusão sobre o seu posicionamento profissional a partir dos questionamentos levantados até aqui?

Pessoas estão fechando grandes acordos de compra e venda sem jamais terem se visto pessoalmente. Médicos fazem o diagnóstico de pacientes que estão do outro lado do mundo. Professores dão aula simultaneamente para alunos em cidades e até países diferentes. Engenheiros visitam obras e transmitem imagens do local à sede da empresa em tempo real. Executivos que trabalham em diversos escritórios de corporações multinacionais discutem estratégias de negócios via teleconferência. Jornais e revistas são impressos simultaneamente em praças diferentes, chegando mais rapidamente e com um custo menor para os assinantes.

A menor distância entre dois pontos já não é mais a reta: é a internet. A tecnologia está fazendo uma revolução nos negócios, nas formas de pesquisa, na gestão empresarial, nas relações entre as pessoas. Está gerando economia de recursos, tempo, dinheiro e criando oportunidades que jamais foram imaginadas.

A tecnologia transformou-se em geradora de possibilidades. Há muito tempo deixou de ser uma mera ferramenta. Já passamos pelo antes e depois de Bill Gates. Vivemos o antes e depois de Steve Jobs.

- As redes sociais têm movimentado o mundo em todos os níveis e setores da economia e você, onde se encaixa nesse movimento todo?
- Você pode ser considerado um profissional digital ou analógico?

Seu ego cabe na sala de reunião?

Você pode ser um profissional brilhante, com ótimas ideias, motivado para o trabalho, cheio de iniciativa, competente, altamente qualificado, objetivo, assertivo... Mas, se o seu ego não couber em uma sala de reunião (leia-se também: se você não der espaço à participação de outras pessoas nos trabalhos em equipe), poderá enfrentar problemas para crescer na carreira.

Um dos pilares da moderna gestão empresarial é o trabalho em equipe, que coloca cérebros e talentos para funcionar juntos em busca dos melhores resultados. Logo, saber trabalhar em grupo é um dos requisitos básicos para o sucesso profissional, à medida que proporciona a troca de experiências e de conhecimentos. Bem, na teoria, tudo isso é maravilhoso, mas na prática pode ser uma das coisas mais desafiadoras que existem para a carreira de qualquer profissional.

O trabalho em equipe é desafiador por dois motivos. O primeiro é que as reuniões são vistas como palco para disputas de poder, onde quem deseja se sobressair age como se soubesse de tudo. A pessoa tenta se destacar com opiniões formadas na ponta da língua, identificando as causas de um problema em um piscar de olhos, tentando convencer os outros de que sua ideia é a melhor e frisando que as dos outros não darão certo. Suas frases prediletas são "deixa comigo", "já fiz isso milhões de vezes", "é assim que funciona" e o infalível "eu não disse?".

O segundo motivo é que a maioria das pessoas tem grande dificuldade em lidar com a diversidade de tipos humanos que geralmente caracteriza os grupos. Toda equipe tem aquele integrante tagarela que fala mais que os outros e dá ideias às vezes estapafúrdias; o objetivo, que detesta perder tempo com divagações e não perde o foco; o metódico, que passa o tempo todo tentando colocar ordem nas discussões; o apressado, infalivelmente no papel de *time keeper*, que estressa a equipe para o cumprimento dos prazos; tem ainda o sujeito que entra mudo e sai calado, o questionador que vê defeito em tudo...

Para quem está preocupado demais com disputas de poder e não sabe lidar com a diversidade, a convivência com grupos é realmente desgastante e improdutiva. Mas quem quer crescer na carreira precisa entender, de uma vez por todas, que só tem a ganhar com o intercâmbio de informações, pontos de vista e visões de mundo que o trabalho em equipe proporciona. O que torna um profissional valioso para uma empresa é a sua capacidade de relacionamento, e não ter sempre razão.

Eu conto com uma equipe muito competente. Observo em cada um características diferentes que, juntas, geram resultados que foram estabelecidos em conjunto. Quando realizamos reuniões de planejamento, acompanhamento ou ajustes, nenhuma ideia é vetada. Todas são alinhadas às necessidades do todo. O primordial é que cada um entenda que não existe ideia boa ou ruim e sim as que podem ou não devem ser colocadas em prática em determinado momento. Outro aspecto interessante é que nem todos os membros da minha equipe estão fixados em um mesmo espaço físico.

Tal como é a tendência, conto com profissionais comprometidos com a carreira deles e com a minha, e a distância não prejudica em nada a troca e disseminação de ideias.

Qual a dimensão do seu ego? Ele cabe em uma sala de reunião, pode ser somado com os outros egos da sua equipe ou você ainda acha que sozinho se basta?

Analise bem a sua resposta. Nessa perspectiva, ela corresponde ao que pode ser divisor de águas na sua carreira!

E se você for assediado pela concorrência?

Cá para nós, sei que não acharia nada mau que seu celular tocasse um dia desses e, do outro lado da linha, um *headhunter* anunciasse uma oferta de emprego irrecusável. Todo profissional que deseja crescer na carreira e quer ser descoberto, precisa estar aberto às oportunidades!

Atraído pelo discurso entusiasmado do *headhunter*, você aceita encontrar-se com ele para saber os detalhes da proposta. Então, fica sabendo que a empresa em questão é concorrente da sua, oferece salário maior e benefícios que você não tem. A coisa parece ser mesmo interessante! Você topa participar da entrevista com o empregador e se sai muito bem. Fica animado, nem dorme direito. Sente-se valorizado e desejado, e isso faz um bem!

Já no dia seguinte, ligam para você com a boa notícia: o emprego é seu! E agora, o que você faz? Aceita a proposta e simplesmente comunica seu chefe que está saindo? Fala com o chefe primeiro, para ver se há contraproposta de sua empresa e aproveita a oportunidade para elevar seu valor no mercado? Onde você acha melhor trabalhar: na empresa que oferece melhor remuneração ou na que tem melhor posição no ranking do setor?

Uma decisão nessas circunstâncias não é fácil e cabe ao profissional assediado definir qual é a melhor alternativa. Para isso é importante refletir sobre alguns pontos.

- O quesito mais atraente com a nova proposta de trabalho é a ascensão profissional ou a melhoria repentina de rendimentos e benefícios?
- Qual das empresas oferece melhores condições para o crescimento profissional ou de um plano de carreira?

- O que significa ter o nome da empresa A ou B no currículo?
- Qual o posicionamento e a expressão de cada uma das empresas no mercado?
- Qual das empresas tem valores alinhados aos seus?

Quando se trata de carreira, não podemos ser meramente imediatistas. Temos de considerar a oportunidade que se apresenta no momento, é verdade, mas ponderar também quais poderão ser os efeitos que as decisões do momento terão no futuro.

Outra questão relevante é entender por que uma empresa propõe condições que a atual não fez menção? Será que você é visível na empresa em que trabalha atualmente? Engana-se quem pensa que funcionário fantasma é coisa de repartição pública. A iniciativa privada também tem os seus, mas não do tipo que pendura o paletó na cadeira e recebe salário sem trabalhar. Falo de profissionais que trabalham direitinho, seguem as normas e tudo o mais, mas o trabalho não tem expressão, não aparece. Com isso, eles tornam-se invisíveis para a organização.

Você há de concordar comigo que é um tanto difícil crescer na carreira quando se é invisível! Por isso, é importante que avalie seu grau de visibilidade na empresa e, caso chegue à conclusão de que é pequena, tome providências para aumentá-la.

Comece com a avaliação pela função que exerce. Se ela não exige que você recicle conhecimentos é bem provável que também não dê chance de visibilidade. Nesse caso, é melhor sair o quanto antes! Se puder, mude de função ou busque alternativas para expandir seu raio de ação, contribuir com o trabalho de outros departamentos ou assumir novas atribuições. Hoje, até funções ficam obsoletas.

Pode levar algum tempo para que a empresa descubra que um cargo perdeu o sentido e você vai esperar que isso aconteça?

Avalie também como são suas interações profissionais.

- Seus superiores costumam pedir a sua opinião?
- Os colegas compartilham dúvidas e pedem sugestões?
- Você é convocado para participar de projetos especiais?

Se essas situações ocorrem com pouca, ou nenhuma frequência, você deve ser mesmo invisível. Precisa se mostrar interessado pelo que acontece além da sua mesa de trabalho, trocar mais informações com os colegas e aumentar a interação com os superiores. Reivindique tarefas mais complexas e maiores responsabilidades. Mostre do que é capaz! Para ser visível tem de ousar, correr riscos e dar a cara para bater.

Porém, tudo que foi exposto até agora é o trivial, o método básico em matéria de visibilidade. Para entrar no método avançado, desenvolva-se em áreas de conhecimento nas quais sua empresa tem carências. Dedique-se na identificação dessas carências e vá atrás do que sua empresa precisa. A legislação, a tecnologia e a necessidade de expandir mercados geram novas informações e conhecimentos todos os dias e você pode ser uma das pessoas que está a par disso.

Procure saber quais são os projetos estratégicos para o futuro do negócio. Quem são as pessoas que estudam o cenário de atuação da empresa daqui a cinco, dez, vinte anos? Aproxime-se delas! Seja a primeira, caso ninguém ainda faça isso onde você trabalha. Trabalhe com esses cenários e proponha ações alinhadas com o futuro. Funcionários capazes de prever e antecipar-se às necessidades do mercado são altamente valorizados.

Você está disposto a fazer esse tipo de investimento para a ascensão da sua carreira?

Sendo sim a resposta, comece a refletir de que forma poderá fazer isso. É bem provável que para chegar a uma estratégia, seja necessário você avaliar o que segue no próximo capítulo. Vamos em frente?

Você sabe vender sua imagem e seus projetos?

Acho incrível que isso aconteça, mas há quem se ofenda com esta pergunta. "Não me vendo, não sou sabonete", disparou certa vez uma amiga. Há também quem associe a questão com as práticas de determinados políticos e outras coisas que não vêm ao caso. De qualquer forma, é curioso notar que muitas pessoas têm preconceito contra a expressão "vender-se" e não consigam associá-la com a ideia de promover-se como profissional.

Promover-se, por exemplo, como fez Viviane Ventura, a vencedora do primeiro reality show "O Aprendiz" na versão brasileira. Conta ela que, na fase final do processo para a escolha dos dezesseis candidatos a aprendiz, dezenas de pessoas foram reunidas em uma sala para realizar a seguinte tarefa: dizer à comissão selecionadora, em apenas 40 segundos, por que deveriam ser um dos escolhidos para participar do programa. Com outras palavras, os candidatos tinham que fazer um comercial de 40 segundos para se vender! Em sua apresentação, Viviane falou das profissões que havia exercido e mostrou ser uma pessoa versátil, criativa e confiante, qualidades valorizadas pelos selecionadores do concurso. Ela deixou para trás candidatos com currículo muito superior ao dela, porque soube se vender.

Não estou insinuando que você tenha de fazer propaganda para divulgar suas qualidades profissionais. Minha intenção é fazê-lo deixar de lado, se for o caso, qualquer preconceito contra a ideia de se vender, pois as pessoas só poderão perceber seus potenciais, talentos e qualidades à medida que você revelar isso a elas. Vender-se é declarar o seu valor e você pode (e deve) fazer isso a todo instante e em todas as oportunidades.

Mas até que ponto essa habilidade faz parte do seu comportamento? Vamos a algumas questões importantes:

- Em primeiro lugar, você reconhece o seu valor?
- Expressa seus pontos de vista sem se preocupar com o que os outros podem pensar?
- Conhece seus pontos fortes e sabe evidenciá-los?
- Preocupa-se em superar as expectativas?
- É capaz de falar sobre suas qualidades com propriedade, sem inibições nem falsa modéstia?
- Você se respeita, bem como os outros, e se faz respeitar?
- Aproveita as oportunidades de estar com as pessoas e cultiva bons relacionamentos?

Todo profissional que deseja manter a carreira em ascensão precisa saber se vender e, para isso, deve ser capaz de listar seus pontos fortes. Se é que você tem algum posicionamento contra isso, sempre é tempo para mudar de opinião e entrar em ação. Que tal exercitar agora a sua capacidade de vender suas competências profissionais em... digamos... trinta segundos!

Certamente o tão falado marketing pessoal não é desconhecido. Muito já se tratou sobre esse assunto e, às vezes, dá a impressão que não há novidade sobre isso. Mas, aí está uma questão relevante! Talvez eu tenha uma abordagem diferente que o faça entender que esse quesito não se trata apenas de uma estratégia a ser colocada em prática em um momento específico. Marketing pessoal deve fazer parte do seu estilo de vida e não "apenas" ser pensado como uma forma pontual de revalorização das suas capacidades e competências.

Construir uma imagem profissional leva tempo, requer planejamento, persistência, ousadia e visão de futuro.

E não é com algumas dicas de como se comportar em uma entrevista de emprego, por exemplo, que você terá chances de se destacar e transmitir a confiança necessária para atrair a atenção de um *headhunter*. Experientes, esses profissionais sabem identificar facilmente "quem é e quem está tentando ser".

O eficiente marketing pessoal está inserido como quesito relevante na estruturação de uma carreira e é observado naturalmente, na medida certa, em todas as suas ações e relacionamentos. Se observar, chegará à conclusão de que cada capítulo desenvolvido neste livro o encaminha à estruturação do seu próprio marketing, sem modismos, sem falsos parâmetros, a partir de uma postura proativa, confiante, certo de quais são suas verdadeiras competências!

Um bom e atraente marketing pessoal não se constrói de uma hora para outra. Ele é resultado de boas doses de planejamento e estratégias para se destacar no acirrado e competitivo mundo corporativo. Não estou aqui para dar sugestões – o foco é encaminhá-lo a um intenso processo de autocoaching -, mas me atrevo a sugerir que você tenha como objetivo, ser destacado em um *benchmarking* profissional.

A técnica do *benchmark* até então sempre foi associada a produtos, negócios e serviços, e ajuda a planejar processos, produtos, sistemas de modo mais eficiente e fácil. Nos últimos anos, porém, vem sendo aplicado o *benchmarking* profissional, o que significa a nomeação de uma pessoa que seja modelo de competência em sua atividade.

- Por que não ser você esse profissional?
- Você considera ser esse alvo muita pretensão da sua parte?

Uma amiga jornalista trabalhava há alguns meses como repórter de uma publicação feminina quando teve a ideia de uma nova seção para a revista. Apesar de considerar inovador e apropriado, guardou o seu projeto para si. "Quem sou eu para propor uma coisa dessas", pensava. Um dia, quase sem querer, contou a ideia ao namorado, que achou a sacada sensacional e passou a incentivá-la a conversar com a direção da revista. Depois de relutar muito, pois achava que tinha pouco tempo de casa para dar palpites na linha editorial, ela apresentou (morrendo de medo!) sua proposta à diretora de redação da revista. Para surpresa da repórter, a ideia não só foi bem recebida, como também lhe rendeu uma promoção para editora-assistente da seção que havia proposto.

Acredito que *insights* ocorrem às pessoas todos os dias: ideias de novos produtos, novos serviços, de mudanças e melhorias para a empresa. Muitas, infelizmente, já nascem mortas, porque seus autores simplesmente não têm coragem de defendê-las diante de superiores ou profissionais altamente respeitados.

Colocando-se no lugar da repórter, você procuraria imediatamente a direção para contar sua ideia ou também ficaria naquele lenga-lenga, com receios do tipo: "o que vão pensar de mim", com medo de ter sua ideia rejeitada, questionada ou ridicularizada!

Será que se consideraria indigno de apresentar seu projeto a um profissional mais experiente que você, imaginando que ele poderia achá-lo ingênuo ou amador?

Sinceramente, não há argumento que justifique a recusa em apresentar um projeto a quem quer que seja. Se a sugestão não for aproveitável, o máximo que pode acontecer é você ouvir um "não, obrigado!". E daí? Independentemente do desfecho, o fato de ter tido a ideia mostra que você é um profissional no mínimo interessado em inovações, melhorias e mudanças – características, aliás, muito valorizadas pelas empresas. E a disposição de apresentá-la sinaliza autoconfiança, disposição para correr riscos e quebrar paradigmas, o que também está em alta no mundo corporativo. Se a proposta for aproveitável, melhor ainda: você terá revelado todas essas qualidades, mais a capacidade de criar alternativas interessantes para sua empresa. De um jeito ou de outro, defender um projeto é positivo para sua carreira, portanto, se você tem alguma ideia, mexa-se.

O medo tem sido impedimento para sua carreira?

Medo de falar em público, de apresentar uma nova ideia, de contradizer uma argumentação, da opinião dos outros, do ridículo, de avançar, de amar, de fracassar, de ter um projeto roubado e até de se destacar na carreira. Por medo existem pessoas capazes de fazer qualquer coisa para não se expor a situações que consideram amedrontadoras. Até mesmo abrem mão de novos desafios, oportunidades e promoções. Assim, o medo pode ser a âncora que retém o desenvolvimento pessoal, social e, consequentemente, os planos de ascensão de uma carreira.

Normalmente esse sentimento adquire proporções exageradas e não tem nada a ver com perigos reais. Ele é nada mais nada menos do que fruto da pretensão de que é preciso ser perfeito. Vimos no capítulo anterior que uma excelente profissional quase deixou passar uma grande oportunidade profissional, porque tinha medo de apresentar sua ideia ao chefe. Rompida essa barreira, ela pode usufruir de uma inesperada promoção e galgar muitos passos à frente na sua carreira.

Vencer o medo não é algo fácil, mas perfeitamente possível e está ao alcance de qualquer um. É importante refletir sobre o seu significado, principalmente porque ele pode surgir como agente paralisador inesperadamente.

Para muitas pessoas assumir sentimentos é algo extremamente desafiador, porque envolve questões íntimas. Em momentos extremos, esse sentimento pode fazer aflorar comportamentos surpreendentes. Mas, o que pouco se fala é que o medo também pode tornar-se um incomparável impulsionador para se alcançar metas e objetivos. Ao invés de repudiar o medo é importante trazê-lo à consciência e assumi-lo.

Para isso, o autoconhecimento é um fator relevante. Todos nós temos características pessoais das quais não temos conhecimento e, mesmo assim elas nos barram. Por esse motivo é importante manter o hábito do autoquestionamento.

- Você tem medo do quê?
- Em qual circunstância o medo aparece?
- Você tem ideia da origem desse medo?
- De que forma você pode usá-lo para impulsionar positivamente a sua vida?

Certa vez fui abordada por uma pessoa eufórica que escutou pela metade uma descontraída conversa entre um colega e eu. Falávamos sobre a possibilidade de criar um novo produto quando ela se aproximou e, literalmente, disparou como metralhadora sem alvo, diversas perguntas para nós dois: quando? Por quê? Onde? Quem? Como? Enquanto procurava recuperar o fôlego, ela buscava em nossos olhos as respostas que tanto ansiava. Sem entender direito o que estava acontecendo, meu colega e eu esperamos que a distinta pessoa voltasse a respirar normalmente e explicasse o motivo de tanta euforia.

Sua resposta nos surpreendeu! Ela estava com receio de ter perdido algo que nem ela mesma sabia o que era! Enquanto delirávamos com possibilidades, ela entendeu que se tratava de algum novo acontecimento e não se permitia ficar fora de qualquer movimentação que estivesse relacionada aos seus contatos profissionais - fosse o que fosse, ela queria participar.

Naquele momento percebi que estava diante de um comportamento cada vez mais frequente no mundo corporativo.

E, a definição mais próxima que encontrei para retratar esse fenômeno foi "síndrome do medo de perder".

O ritmo de vida contemporâneo tem levado muitos homens e mulheres a se tornarem vítimas de suas próprias expectativas. Pessoas têm adotado um modelo ou exemplo a ser seguido, deixando de lado seu verdadeiro eu e, infelizmente, fazendo adormecer seus talentos e habilidades. Isso tem feito com que muitos profissionais fiquem cada vez mais estressados na tentativa de acompanhar o ritmo de "todos" os acontecimentos. Parecem atletas em uma maratona, competindo pelos primeiros lugares – tudo é prioridade, tudo é importante, tudo é necessário.

Na ânsia de gerir informação, tem muita gente enchendo seus currículos de cursos, diplomas, encontros e informações não porque tem clareza do quanto tudo isso é relevante, mas por achar que precisa "seguir a tendência do mercado". Imagina que perder qualquer acontecimento é um risco que pode levar à exclusão e, por isso, é tão rigorosa si cobrar de mesma resultados, alto desempenho e um posicionamento infalível - o ter e o fazer tornaram-se, indevidamente, termômetros de competência, sucesso, status e poder.

Quem sofre da síndrome do medo de perder tem a constante sensação de incapacidade e inadequação, porque seus parâmetros de conquista em geral são estabelecidos a partir do outro e não dele mesmo.

O desconhecimento do rumo que a sua própria vida está tomando e de que maneira poderá conduzi-la tem a ver com a falta de clareza a respeito de si mesmo e dos seus propósitos. Você se lembra da abordagem sobre a auto-administração logo no início do livro? Quando a pessoa é consciente de seu lugar no mundo, ela tem a noção precisa do que é relevante e decidirá fazer uma pós-graduação ou um curso de línguas, por exemplo, se estiver convencida de que isso é importante para alcançar seu propósito e não se considera carta fora do baralho quando se depara com alguém que detém alguma informação que ela desconhece.

Medo também pode ter raiz na falta de definição. Quem não tem um propósito definido e não decide o que tem relevância para a sua vida, fica mais preocupado em provar a sua expertise do que viver intensa e prazerosamente cada momento de sua vida. Quando se tem claro quem realmente é, nada desequilibra. Aquele que reconhece e explora seus talentos e habilidades sabe qual é o seu propósito, e tem o autoconhecimento como questão de máxima relevância em sua vida, está imune à síndrome do medo de perder – muito provavelmente essa pessoa tomou o rumo certo para obter resultados sustentáveis em todos os seus empreendimentos.

O contrário do medo é a confiança. Onde existe confiança, o medo não gera ameaças, por outro lado, onde o medo impera, a confiança é totalmente enfraquecida. Quem confia desenvolve a coragem para agir, romper barreiras e realizar seus sonhos e objetivos.

O que você fala de si mesmo?

Quem você acha que terá mais sucesso na carreira: o profissional que vive falando dos problemas do trabalho, que reclama que tudo é difícil e diz que não tem sorte, ou aquele que diz acreditar em si mesmo (e demonstra com seu comportamento) e topa qualquer parada?

Imagino que você aposta no profissional confiante, pois ele tem um discurso positivo e proativo que combina com uma carreira em ascensão. Não é difícil perceber a ligação entre o que as pessoas falam de si próprias e suas possibilidades de sucesso. O difícil, às vezes, é reconhecer até que ponto o que falamos de nós mesmos colabora com nossos planos de subir na carreira.

Você já parou para escutar o que tem dito a seu respeito?

Fique atento! O que você diz é reflexo daquilo que acredita e o que acredita influencia, para o bem ou para o mal, o seu progresso na carreira.

É comum falarmos, mesmo sem perceber, muitas coisas que nos limitam, nos impedem de alcançar o que mais desejamos. Por isso, preste atenção ao que anda falando de si mesmo para os outros. Procure ouvir seus próprios pensamentos. Acostume-se a falar tudo que vier à sua cabeça quando estiver sozinho no trânsito, no banho, no escritório – esse é um bom recurso para tomar consciência dos pensamentos negativos e limitantes que você tem. Faça perguntas a si mesmo! Segundo a neurociência, o cérebro assimila tudo que repetimos sistematicamente. Se você vive falando que nada dará certo, pode crer que não dará mesmo, pois interiormente está trabalhando para que isso aconteça.

Você se convence de tal forma do que pensa a ponto de só perceber dificuldades e obstáculos em todo lugar. Fica com uma perspectiva pessimista da vida e só enxerga problemas e complicações. Com essa predisposição, fazer uma carreira de sucesso torna-se no mínimo difícil e penoso!

Quando você elabora perguntas para o seu cérebro ele é estimulado a buscar novas alternativas. De boas perguntas é possível verificar o nível de conhecimento que o profissional tem sobre si mesmo, qual a inclinação da sua carreira, seus comportamentos e a sua consciência do outro.

- Quando o assunto é a sua carreira, quais os pensamentos que você tem mantido na sua mente?
- Você tem o posicionamento de cada um por si e Deus por todos?
- Você acha que basta ter um objetivo, fazer um plano de ação, manter o foco e trabalhar duro para que as coisas aconteçam? Por quê?
- Você concorda com a ideia de que só os mais bem preparados triunfam? Por quê?

No mundo contemporâneo o SIM para todas essas questões representa a sua forma predominante de pensar. Existe uma crença arraigada de que desde que o profissional seja ético e não prejudique ninguém, tem todo direito de só pensar em si próprio.

A boa notícia é que essa mentalidade está com seus dias contados. O envolvimento com o crescimento profissional do outro vem se tornando um quesito valiosíssimo. As organizações modernas já perceberam que para sobreviver no mundo globalizado, elas precisam ser altamente ágeis, flexíveis e inovadoras.

E para ter essas características, dependem muito da integração e da cooperação entre seus colaboradores. Assim, cada vez mais, procuram criar os mecanismos adequados e o ambiente propício para a troca de informações e experiências entre pessoas de todos os níveis.

Agora, sabe o que isso significa para sua carreira?

Você não pode mais guiá-la com base no individualismo! Chegou o momento de aposentar os velhos truques que aprendeu para tornar-se imprescindível para sua empresa, como guardar informações estratégicas, centralizar decisões e dominar processos. Deixe de lado a tática de esconder o jogo e guardar trunfos na tentativa de mostrar que todos precisam de você. Funcionários caixa-preta não interessam às empresas, pois travam o fluxo de informações que faz as coisas acontecerem na velocidade que o mercado exige.

Se você quer fazer carreira em uma organização moderna, comece a trabalhar pelo sucesso dos outros, não só pelo seu. Interesse-se pelos problemas deles e, se puder, ajude-os a resolvê-los. Compartilhe informações importantes para o desempenho alheio. Não perca a oportunidade de ensinar alguém a fazer algo que para você é fácil. Comprometa-se com as metas de seu grupo e contribua com tudo que você tiver para dar.

As empresas estão à procura de líderes generosos, que colocam seu conhecimento a serviço do crescimento das pessoas. Se as pessoas crescem, a empresa cresce e você também cresce. Essa é a lógica da carreira de sucesso no mundo de hoje – já não há espaço para o individualismo.

Quando você pensa no sucesso dos outros e entende o resultado como um esforço conjunto, as glórias e os fracassos são de responsabilidade de todos, independentemente de sua função.

O conceito de equipe é uma realidade quando todos conhecem os próprios objetivos, as metas da empresa e desenvolvem uma visão crítica a respeito do desempenho de cada um e do grupo. Quando se está preocupado com o todo, a vitória e o fracasso afetam a todos! Quando um colaborador ganha, todos ganham; quando todos cooperam, fica mais fácil realizar as atividades e os serviços ganham em produtividade e qualidade.

Neste capítulo, de todas as abordagens apontadas, o mais importante é que você tenha consciência do que fala de si mesmo. Então, deixe de lado a teoria e relacione em uma folha de papel pelo menos cinco coisas positivas que você tem anunciado sobre si e, também, cinco coisas que você tem falado a seu respeito, mas são totalmente desnecessárias. Preparado?

Você faz carreira com foco para onde?

Quando se fala em manter a carreira em ascensão, o óbvio é pensar numa trajetória que leve para cima, numa sucessão de cargos cada vez mais importantes na hierarquia da empresa. O "não óbvio" é pensar em progredir para os lados, assumindo uma função do mesmo nível da atual e ampliando as perspectivas profissionais.

Foi esse o raciocínio de um gerente de marketing que conheço. Ele trabalhava para uma multinacional do ramo alimentício e cuidava de uma linha de produtos que ia muito bem, dando-lhe prestígio profissional e bons lucros à empresa. Aspirava ao cargo de diretor de marketing, mas decidiu não ficar à espera de uma promoção.

O setor em que trabalhava já não proporcionava desafios, e por isso, ele pediu para trocar de lugar com o gerente de uma linha de produtos novos, que ainda não havia consolidado sua presença no mercado. Ninguém entendeu como um profissional tão bem colocado trocaria o certo pelo duvidoso! Em um ano de trabalho brilhante, ele transformou a nova linha de produtos em destaque no mercado e no faturamento da empresa!

Por seus méritos, o profissional foi promovido a gerente de marketing de novos produtos, um cargo que nem existia e foi criado para que ele pudesse expandir seu grande potencial.

Você já imaginou percurso semelhante para a sua carreira?

Quem sabe o seu caminho pode ser também progredir para os lados. Em vez de olhar só para cima, comece a olhar à sua volta.

- Que oportunidades de expansão você tem no seu nível?
- Considera a possibilidade de mudar de setor, de território, de gerência, de cidade ou de País?
- Qual tem sido o seu investimento e desempenho para que a sua carreira tenha destaque?

Na construção de uma carreira é importante ter o passado como experiências e o futuro como possibilidades. Peça a qualquer pessoa para falar sobre sua carreira e, provavelmente, ouvirá uma história mais ou menos assim: "bem, primeiro eu me formei na faculdade tal, fui trainee na empresa tal, depois fui efetivado na função tal, depois mudei de emprego, aí fui promovido a supervisor, mudei novamente de emprego, fui promovido a gerente e...".

A maioria dos profissionais fala da sua carreira olhando para o caminho percorrido, os cargos ocupados, os cursos feitos, as habilidades desenvolvidas, a experiência acumulada.

Mas será que carreira é apenas uma ponderação cronológica do que já foi feito?

Carreira é o caminho que se tem pela frente e não o passado. O problema de fazer carreira olhando para o passado é que isso limita o profissional. Ele terá a tendência de trilhar um caminho que seja a continuação do que já veio percorrendo e possa usar o conhecimento e a experiência acumulados. Isso não só restringe suas possibilidades de carreira àquilo que de alguma forma ele já conhece, como dificulta suas iniciativas em áreas novas. O profissional que faz carreira olhando para o passado tende a se apegar ao que construiu e tem dificuldade para mudar.

Enquanto isso, o mundo se transforma em uma velocidade maior e novas oportunidades surgem todos os dias.

Para aproveitá-las é comum que os profissionais tenham de se aventurar a fazer o que nunca foi feito antes, nem por eles nem por ninguém!

Pode alguém que faz carreira olhando o passado ter a ousadia de experimentar algo novo?

O escritor e psiquiatra austríaco, Viktor Emil Frankl, um homem da ciência, da neurologia e da psiquiatria é historicamente reconhecido como personalidade de destaque em quatro importantes dimensões: a inteligência, a coragem, o amor ao próximo e, principalmente, por sua fidelidade ao sentido da existência, à missão do ser humano sobre a Terra.

Nascido em 1905, Frankl formou-se médico psiquiatra em 1930. Dois anos depois, foi deportado pelos nazistas para os campos de concentração, onde ficou até sua libertação treze anos depois, em 1945. Faleceu com 92 anos em Viena, em 1997. Mas, não foi a sua experiência acadêmica que revelou o seu sentido de vida! Apesar de ter vivido os horrores do campo de concentração, ele sobreviveu a essa experiência, mantendo em sua mente e coração a mais bela mensagem de esperança aos homens deste século! Segundo ele, o divisor de águas na sua vida foi quando decidiu anular de suas emoções o sentimento de rancor e amargura! Ele saiu do inferno de Theresienstadt, uma fortaleza criada em Terezín, hoje parte da República Tcheca, por causa da sua decisão e atitude.

Durante sua permanência no campo de concentração, Frankl observou que um homem pode ser privado de tudo, menos da liberdade de assumir uma atitude alternativa diante da situação em que se encontra – o ser humano tem o poder de encarar a adversidade sobre outro prisma.

Para sair psicologicamente saudável daquele lugar ele manteve seu foco no futuro, traçando metas e acreditando na vida fora do campo. Com a busca de um objetivo, Frankl procurava a reconstrução do seu interior para não sucumbir ao caos.

Após esta terrível experiência ele afirmava que o que possibilitou esse milagre singular foi a sua decisão pessoal. Quando foi levado para o campo de concentração ele criou a determinação íntima de conservar a integridade da sua alma, manter-se comprometido e focado neste objetivo e isso o tornou uma pessoa diferenciada e convicta de seus valores.

Para ser um profissional bem-sucedido e conquistar uma carreira em permanentes níveis de ascensão é preciso ter uma convicção que vem de dentro, do seu íntimo, da sua realidade, projetada para o futuro. Tem de ser "meio paranormal" e perceber para onde o mundo segue partindo das tendências de comportamento, estilo de vida e necessidades atuais. Sendo assim, pense um pouco:

- Como a sua carreira profissional estará daqui a cinco, dez e vinte anos?
- De que maneira isso impactará os negócios de sua empresa e o seu trabalho?
- O que você pode fazer agora para aproveitar as oportunidades que surgirão?

Viktor Emil Frankl tinha o costume de fazer a seguinte pergunta aos seus pacientes: "por que não opta pelo suicídio?". Gosto de comentar essa curiosidade, porque foi a partir desta questão que ele diz ter sobrevivido ao convite do suicídio nos campos nazistas e é a partir das respostas a esta pergunta que ele encontrava as razões que ainda sustentavam seus pacientes.

Ter respostas claras a perguntas que nem sempre caem bem à nossa situação é uma forma saudável e inteligente de dirigir a carreira olhando para frente, para o futuro, atento ao que vem por aí – e não para o que já passou. Com certeza, uma trajetória profissional desenhada desta maneira tem muito mais futuro. Aproveite a oportunidade para refletir a respeito.

A carreira vai bem e o resto?

Você certamente está preocupado em ter alto desempenho profissional ou, ao contrário, nem chegaria a este capítulo! Provavelmente está disposto a fazer tudo o que estiver ao seu alcance para ter sucesso na carreira e com tudo que foi exposto até aqui, procurará se aperfeiçoar de todas as formas! Parabéns, este é realmente o caminho. Mas, a tarefa não acaba por aqui e as perguntas a seguir o farão entender por quê!

- Como vai a sua vida afetiva, familiar, social?
- Nos últimos anos você tem investido tempo para um check-up completo?
- Qual é o seu nível de dedicação ao esporte, ao lazer e aos prazeres simples da vida?
- Você tem dado aos outros aspectos da vida a mesma importância que dá à sua carreira?

Convém fazer estas perguntas a si mesmo enquanto ainda é tempo, porque o que mais se vê por aí são pessoas colocando toda a sua atenção na vida profissional e deixando de lado necessidades básicas de qualquer ser humano. Na busca pela autossuperação no trabalho, tem gente com cada vez menos tempo para viver seus relacionamentos, cuidar do corpo, descansar a mente e até fazer coisas básicas como dormir. E, nem se dão conta do que estão fazendo consigo mesmas e, também, com as pessoas que estão à sua volta, pois trabalhar loucamente é considerado, para elas, normal. Conforme avançam na carreira, vão deixando para trás o casamento, os amigos, a saúde... Até que chega um momento em que se percebem solitárias, estressadas e não raro doentes, e então se questionam se tudo realmente tem valido a pena.

Quando nos posicionamos equilibradamente, a percepção do mundo, dos relacionamentos, dos negócios e da carreira se intensifica, o que permite maior integração com o todo e a diminuição da necessidade de manter tudo e todos sob o controle.

Já nos anos 60, quando ainda não havia tanta informação e velocidade nas mudanças como ocorre hoje, a doutora Ida Rolf, criadora do Método de Integração Estrutural (também conhecido como Método Rolf), já anunciava a importância da integração corpo-mente-emoção-espírito que se revela em inúmeras atividades do ser humano. Quando um dos eixos dessa engrenagem entra em alerta, toda estrutura fica comprometida, mesmo que no primeiro momento não seja percebido. Reflexo semelhante acontece quando se corresponde desproporcionalmente às necessidades das diversas áreas da vida.

Não há mais dúvida de que a depressão é um problema muito mais sério do que tristeza ou desânimo, com graves repercussões sociais e econômicas, pois afeta a produtividade, os relacionamentos e até mesmo a capacidade das pessoas cuidarem de si mesmas. Afinal, pensam os depressivos, "para que levantar da cama, tomar banho, vestir uma roupa nova?" ou "para que ver os amigos, ir ao cinema, ler um livro, investir em uma carreira?".

A Organização Mundial de Saúde (OMS) estima que cerca de 340 milhões de pessoas já sofrem de depressão - são quase dois "Brasis" de pessoas depressivas.

O número de brasileiros que enfrenta a doença chega a 13 milhões. A OMS aponta a depressão como o 5º maior problema de saúde pública. Pesquisas indicam que a doença deve alcançar a segunda posição em 2020.

Já foi comprovada a influência negativa da depressão em pacientes com outros tipos de doença, o que demonstra a estreita ligação mente-corpo.

A vontade de morrer e a depressão não são apenas recursos dramáticos explorados por filmes e romances. No mundo corporativo, essa é uma realidade que tem atingido sorrateiramente muitos profissionais com alto potencial, mas baixo nível de realizações pessoais. Este mal afeta um número muito maior de pessoas do que imaginamos.

Profissionais que foram demitidos contam que em um primeiro momento sentiram-se ameaçados, "perderam o chão" e acharam que não sobreviveriam. Depois, passaram por uma fase de raiva e, finalmente a aceitação. Porém, a aceitação não significa necessariamente que se recuperaram da frustração e do trauma. Muitas vezes as sequelas dessas situações são mais perniciosas do que suas causas, manifestando-se em forte ressentimento e com uma postura negativa diante da vida.

Com frequência me deparo com o medo, a ansiedade, a depressão e o desânimo, materializados em e-mails aflitos, escondidos no olhar das pessoas e explícitos em uma pergunta: "o que eu faço da minha vida, dos meus relacionamentos ou da minha carreira?".

Perdi a conta das vezes que ouvi pessoas se queixarem de que, na vida, nada acontece conforme o que elas desejam. Reclamam que quando uma área parece nos eixos, outra apresenta situações que absorvem a alegria da vitória e se transforma em um poço de preocupações e lamentações. É o empresário que tem dificuldades para equilibrar seu negócio, é o profissional que há anos luta para conseguir a tão desejada promoção no emprego, é o salário: "estou me sentindo estagnado", "não consigo o que quero", "os caminhos parecem fechados para mim".

Na verdade, como diria o psicoterapeuta e escritor argentino Jorge Bucay, essas pessoas precisam de um amante! E, por amante entenda "aquilo que nos apaixona, é o que toma conta do nosso pensamento antes de pegarmos no sono e é, também, aquilo que, às vezes, nos impede de dormir". Nesse texto belíssimo intitulado "Quem é o seu amante" ele continua: "[...] podemos encontrá-lo na pesquisa científica ou na literatura, na música, na política, no esporte, no trabalho, na necessidade de transcender espiritualmente, na boa mesa, no estudo ou no prazer obsessivo do passatempo predileto. Enfim, é alguém ou algo que nos faz namorar a vida e nos afasta do triste destino de ir levando!".

Bucay afirma que as histórias podem fazer dormir as crianças e despertar os adultos e eu considero essa sacada genial! Tem muita gente perdida, sem propósitos, sem sentido de vida! Geralmente essas pessoas alternam, positiva ou negativamente, o seu posicionamento diante da vida de acordo com as circunstâncias externas. Para muita gente é difícil compreender que a vida flui de um jeito ou de outro. As pessoas, as circunstâncias, o mundo não param quando as suas engrenagens estão circulando de forma descompassada com seus planos. E, na verdade, tem muita gente que precisa mesmo é de um amante, à moda Bucay!

Existem três conceitos equivocados que fazem muita gente perder o rumo na busca de um sentido de vida, um propósito, uma missão. O primeiro é achar que a vida só flui se tem progresso material, quando se tem "resultados". Como a ideia de sucesso está ligada à obtenção de poder, prestígio, influência e riqueza, muitas pessoas acham que as coisas só caminham à medida que conquistam, ainda que lentamente, esses resultados. Mas, se isso fosse verdade, não haveria tantas pessoas que poderiam ser chamadas de bem-sucedidas, mas se sentem perdidas, insatisfeitas e deprimidas.

A segunda questão é achar que a vida só tem sentido quando se tem muita competência. Isso é até compreensível, porque para conquistar o sucesso precisamos ter muitos conhecimentos e habilidades, pois o mundo é um lugar competitivo. Assim, muita gente pensa que não há outra saída senão investir em cursos, idiomas e qualificações – buscando muitas vezes, fórmulas milagrosas que as transforme em vencedora da noite para o dia -, e deixa adormecidos desejos pessoais e a realização de muitos sonhos.

O terceiro equívoco é achar que a fluidez é coisa do "destino" de cada um. Depende do local de nascimento, da educação, da felicidade de ser a pessoa certa na hora certa e no lugar certo. Porém, para que a vida de cada um de nós flua não é necessário que sejamos ricos, poderosos, muito menos ser os melhores em tudo ou predestinados ao sucesso. É necessário, apenas, saber quem verdadeiramente somos, onde estamos e para onde vamos.

Felizmente conheço pessoas que escolheram ocupações coerentes com o que gostam de fazer, são felizes e dão certo na vida, pois estão realizando seu propósito, ocupando o seu lugar no mundo. Saber qual é o seu propósito e o que é importante para que ele seja realizado direciona as escolhas que você faz em todas as áreas de sua vida. Da profissão que exerce ao lugar onde mora, o tempo que dedica ao trabalho, seus hábitos de consumo, seu lazer, seus interesses culturais, sua disponibilidade para a família e para os amigos.

Desejo que você seja capaz de conduzir a sua carreira em harmonia com tudo o que faz parte da sua existência. Gosto de pensar que viver é como surfar: temos de saber para onde vamos (ter um objetivo). Sermos capazes de fluir com as ondas que aparecem (as oportunidades).

Precisamos também nos posicionar sobre a prancha, com pés, mãos, braços, pescoço e a mente. Como todos os aspectos da nossa vida.

Você iniciou a leitura deste livro consciente de que viveria uma experiência de autocoaching. Então, seja transparente com você mesmo e responda:

- A carreira vai bem, e o resto?
- Como está o seu relacionamento com as pessoas que você ama?
- Você tem tido tempo de qualidade com seus familiares?
- A sua família é importante para você? Ela sabe disso?

Você já se perguntou algo hoje?

Chegamos ao último capítulo, mas não ao final! Você iniciou um intenso processo de autocoaching e tudo o que leu, questionou, refletiu e ponderou até aqui é apenas parte da caminhada. O "seu livro" deve continuar. Os próximos capítulos devem ser desenvolvidos por você a partir das suas próprias perguntas.

O questionamento é uma excelente estratégia para o crescimento em todos os sentidos. A capacidade de fazer as melhores perguntas é um dos principais fatores que distinguem as pessoas bem-sucedidas das demais, porque sem perguntas não há respostas, e sem respostas não há reflexão e assim não se absorve conhecimento.

Fazer perguntas é um convite à criatividade e à inovação! Elas constroem possibilidades! Geram mudanças que podem impactar o mundo! Abrem portas para o diálogo e conduzem a descobertas!

A utilidade do nosso conhecimento e a eficácia de nossas ações estão relacionadas às perguntas que fazemos. Todas as conquistas e descobertas que nos trouxeram à era do conhecimento só foram possíveis, porque existiram e existem pessoas que não se conformam com respostas como "porque sim", ou "não é possível mudar isso" ou "todo mundo sempre fez desse jeito" - elas decidiram questionar.

Por isso digo que aqui não é o fim. Pode ser o começo de uma nova perspectiva na sua vida! Desejo, sinceramente, que os questionamentos levantados neste livro tenham gerado muitos *insigths* para a sua vida profissional e o ajude a manter a carreira em ascensão - tudo isso com muito equilíbrio e realização, é claro.

Não se detenha às perguntas feitas até este capítulo. Faça a si mesmo muitas outras, sempre, todo dia!

Acostume-se a usar o autoquestionamento para observar a si próprio, refletir e fazer as correções necessárias na rota que vem seguindo. Dar respostas é menos importante que perguntar. Se fizer a pergunta certa, precisará aprender a resposta e colocar sua energia e foco na essência do problema.

Comece pelo básico. A cada pensamento explore possibilidades com interrogações do tipo: Onde? Como? Por quê? Qual? Quando? Quem? Pratique o autocoaching e estará usando uma poderosa ferramenta para se conhecer melhor e progredir no desenvolvimento pessoal.

E, então, está decidido a manter este propósito? Qual a sua verdadeira motivação para isso?

Avalie a sua própria condição, estabeleça novos parâmetros e desafios para a sua vida e, para isso, valem aqui mais algumas questões! Lembra-se das quatro perguntas que começaram a aguçar o seu entendimento logo no início deste livro? Aquelas que, provavelmente, você ameaçou deixar para trás (se é que não o fez) para um dia pensar sobre elas! Após percorrer cada página deste livro, ter dado liberdade ao seu gestor interno e, mesmo que timidamente, ter colocado em prática questionamentos pertinentes à sua vida e carreira, a sua forma de pensar e perceber que sofreu alguma alteração.

Então, por que não terminar a leitura deste livro com a introdução? Isso mesmo! Saber perguntar é uma arte. O importante não é ter as soluções e sim as perguntas, porque você é a resposta, você é a solução!

- Você se sente respeitado no papel que exerce hoje em seu trabalho?
- Você se sente valorizado em sua carreira?
- Você se mantém atento para novos aprendizados?
- Sua carreira hoje tem a ver com seu sentido de vida?

Leve a Leila Navarro no bolso

Baixe o APP Motive-se
no seu **smartphone**!

Utilize um leitor de **QR code** do seu smartphone
ou acesse **app.leilanavarro.com.br**

HTML